정책론

서상원 교수의 행정학 시리즈 ❸

정책론

서상원 지음

이담
Books

서언

이 책을 출간하게 된 이유는 행정학이나 정책론을 처음 접한 학생들이 쉽게 이해하고 정리하기 용이하도록 하기 위함이었다. 우리 생활 전반에 미치는 국가의 정책은 광범위하면서도 강력한 공권을 수반하고 있다. 정책이란 용어는 국가, 즉 공권력을 바탕으로 한 가치의 권위적 배분이라 할 수 있는데, 사실과 가치 중 가치를 실현하고 추구하기 위한 수단이 정책이다. 따라서 정책이란 용어는 공공성을 띠고 있어 기업이나 사조직에서는 쓰지 않고 있다. 또한 정책은 정부의 작은 사업에서부터 사회정의와 같은 가치를 실현하는 법령까지 매우 포괄적이라 할 수 있다.

이 교재의 구성은 정책의 개념에서부터 정책의 유형 및 정책 환경에 관한 논의로 시작된다. 그리고 무엇보다도 중요한 정책과정의 4단계, 즉 정책형성단계(정책의제 설정단계, 정책결정단계), 정책집행 및 평가단계의 과정 순으로 구성되어 있다. 각 정책과정 단계에서는 학자들의 이론과 각종 이론적 모형들이 소개되어 있어 자세하고도 구체적으로 설명되었다고 자부한다. 또한 교재의 양은 작지만 반드시 필요한 내용과 이론들이 다 수록되었고 요약되었기 때문에 학습하는 데 전혀 문제가 없을 것이다.

늘 우리는 이러한 행정환경에 접하면서도 정책이란 것에 대해 잘 모르거나 정확히 이해하지 못하여 우리가 누릴 권리나 의무를 다하지 못할 수도 있다. 또한 정책과정과 특성 등을 잘 이해함으로써 정부 정책에 대한 건전한 비판을 통해 국가발전을 기대해 볼 수 있다. 아무쪼록 학생들이 이 교재를 통하여 정책을 이해할 수 있는 시민과 학생으로 발전하기를 기대한다.

끝으로 이 교재를 출간하게 허락해 준 학술정보 사장님과 기획팀 임은정 선생님께 감사드립니다.

2009년 3월
저자

목차

Chapter 06   정책평가   84

Chapter 08 정책과 기획   113

CHAPTER

정책학과 정책

01 정책학의 개념과 내용

1. 정책학의 개념(정의)

(1) H. D. Lasswell(정책학의 아버지): 정책학이란 공공 및 사회문제에 관한 정책결정 및 집행에 필요한 정보 및 지식을 제공하는 학문을 말한다.

(2) Y. Dror(정책학의 발전 공로자): 정책과학은 보다 나은 정책결정을 위한 합리적이고 체계적인 지식 제공에 기여하는 데 목적이 있다.

(3) Erich Jantsch(기획과 정책의 접목 공헌자): 정책과학은 4가지 기능, 즉 예측, 기획, 결정과 행위가 상호 작용하는 가운데 서로 분리되어 움직이는 합리적 산출행위의 과정을 보여 주는 것이다.

(4) 정책연구(policy studies), 공공정책(public policy), 정책분석(policy analysis), 정책조사(policy inquiry) 등은 모두 정책학에 관련된 용어들이다.

2. 정책학의 내용

(1) 정책학 연구의 필요성

① 정책학은 보다 나은 바람직한 정책의 결정, 결정된 정책의 성공적인

집행 및 객관적이고 과학적인 평가 등에 필요한 지식을 제공한다.
② 정책학의 분야는 공공부문이 인간을 중심으로 사회문제 등을 적극적으로 해결하여 인간의 존엄성 구현을 위한 정책과정에 적용되는 지식이므로 매우 중요하다.
③ 정책학은 관념 지향적인 기존의 정치학과 지엽적이고 단편적인 성향의 행태과학과 관리과학 중심의 이론에 대한 저항으로 성립되었다.

(2) 정책학의 패러다임: 학문적 특성, 정체성, 차별성

① 관련 지향성(맥락성): 정책학의 적용 대상 조직은 개방체제이며, 사회과정의 일부와 사회 전체의 번영 및 윤리성을 강조한다.
② 문제 지향성: 정책학은 사회문제·정책문제를 다루며 가치·규범·처방 지향성의 특성을 가진다.
③ 방법론적 다양성: 정책학은 순수학문과 응용학문, 여러 분야의 학문을 취급하는 다양성을 지닌다.

02 정책의 의의와 유형

1. 정책의 본질

(1) 정책의 개념

① 정책은 공공부문에 적용되는 용어로서 공익달성을 위한 수단이며, 미래의 바람직한 사회 상태를 이룩하려는 정부의 행동지침 또는 행동방안이라 할 수 있다.
② 사회 전체를 위한 가치의 권위적 배분을 위해 정부기관이 공식적인

과정을 거쳐 결정한 기본방침으로 정의할 수 있다.

③ 정책은 미래의 행동지침이므로 매우 불확실하고 동태적인 상황을 전제로 하며, 정치적 이해관계가 이루어지는 매우 복잡한 과정을 거친다.

④ 학자들의 견해

학 자	정 의
Jantsch	규범적 사고와 행위의 제1차적 표현이며 지침적 표상
Ozbekhan	가치에서 도출되고 당위성의 관점에서 규정되는 것
Lindblom	복합적인 사회집단이 상호 타협을 거쳐서 도달한 결정
Easton	사회 전체를 위한 제 가치의 권위적 배분
Laswell	목적가치와 실제를 투사시켜 고안한 계획
Dror	매우 복잡하고 동태적인 과정을 통하여 주로 정부기관에 의해 공익달성을 목적으로 만들어지는 미래 지향적인 행동지침
Jenkins	특정한 상황에서 어떤 공공의 목적을 달성할 권한을 가진 행위자들이 목적과 수단을 선택하는 일련의 상호 관련된 의사결정

(2) 정책의 특성

① 기획과 정책 및 법률과의 관계: 학자마다 다른 의견을 가지고 있지만 일반적으로 기획은 전략적인 개념으로 상위 개념이라 할 수 있으며, 정책은 구체적인 목표로서 전술, 법률은 목표 달성 수단인 작전의 개념이다(범위와 일관성의 측면에서 기획 〉정책 〉법률 순으로 정의).

② 정책의 속성: 목표지향성, 계획성, 인공성, 공익성, 문제해결 지향성, 수단 지향성, 사회변동과 대응성, 인본주의, 규범성, 인과성, 미래 지향성, 행동 지향성, 권위성, 정치성, 가치함축 및 배분성, 강제성과 제약성, 공식성, 복잡성과 동태성, 산출성(성과성), 불완전성, 현실성, 의사결정망의 포괄성, 합리적 분석 및 선택과 협상의 산물로서의 양면성, 결정수준의 상위성.

③ 정책과 유사한 용어로는 시책, 대책, 사업, 세부사업계획, 정부대책, 정부방침, 법령, 규칙, 기획, 계획 등이 있다.

(3) 정책의 중요성

① 변화의 동인: 정책은 현실 개혁과 미래 실현의 실천적 동인으로서 사회변동의 목적과 방향을 설정하고 자원의 배분에 영향을 준다.
② 포괄적 관련성: 정책은 과거의 경향, 현재의 여건, 그리고 미래의 전망과 같은 시간적인 것과 관련한다. 공간적으로는 매우 넓은 지역, 즉 국가 또는 국제적 영역에 걸쳐 인간 모두에게 영향을 준다.
③ 정치적 관련성: 정책은 수혜자와 손해를 보는 집단을 동시에 수반하므로 찬성과 반대의 정치적 이해관계가 형성된다. 현실의 정책은 이 정치적 관계를 통하여 정치적 합의로 가는 과정, 즉 정치적 과정을 정책은 중요한 것으로 인식한다.

2. 정책의 구성요소

(1) **정책목표**: 공공조직이 달성하려는 미래의 바람직한 상태로서 조직의 존립성과 직결된다.
(2) **정책수단**: 정책을 달성하는 데는 재원, 시간 등의 부족이 수반되므로 경제적 합리성과 효율성 등을 고려한 수단(대안) 선택이 매우 중요하다.
(3) **정책대상**: 가장 중요한 요인은 정책대상이라 할 수 있는데, 정책대상의 선호와 범위, 수준 등에 맞게 결정하고 집행하는 것이 매우 중요하다 (그렇지 않을 때는 정부실패, 국정의 효율성 저하, 정치적 위기를 수반).
(4) **정책행위자**: 정책행위자란 정책과정에 직접 참여하는 조직 내의 주체로서 행위자의 특성에 따라 정책의 결정 및 집행의 방향과 결과가 다르게 나타날 수 있다(엘리트론, 무의사결정, 과두제의 철칙, 목표의 변동 등과 관련).

3. 정책의 유형

(1) Almond와 Powell의 체제론적 정책유형 분류

① 추출정책: 외부 행정환경으로부터 정부가 정책대상에게 여러 행정서비스를 제공하기 위한 인적, 물적 재원을 동원하는 것이다.
  예 조세징수, 징병, 성금모금, 토지수용 등

② 규제정책: 사회 전체의 공익달성을 위해 환경 내의 개인 및 집단의 행동에 대해 통제하는 정책으로서 행정국가화 현상과 함께 강화되었다.
  예 경제규제, 환경규제, 안전 및 진입규제 등 매우 다양

③ 분배정책: 정부가 개인이나 집단 등 불특정 다수에게 공평하게 주는 반대급부가 없는 각종 혜택으로서 각종 재화·서비스 제공 등 매우 포괄적인 배분정책이라 할 수 있다.
  예 사회 간접 자본의 확충 및 사용허가, 국고보조금 지출, 재정투·융자정책, 국유토지불하, 자원정책, 군수품의 구매, 연구개발 사업, 수출보조금 지원, 농어민에 대한 소득증대 사업 지원, 무의촌지역의 보건진료, 국공립학교의 교육서비스 제공, 벤처기업 창업지원금 제공 등

④ 상징정책: 정부가 국민들의 가치관, 여론 등의 통합과 정치적 정당성 및 신뢰성 등을 확보하기 위해 사용하는 각종 행사 또는 상징물을 통해 이루어진다.
  예 정치적 의식, 국경일 및 기념일의 행사, 국기나 국가·국화의 제정 및 반포, 독립기념관 및 각종 박물관 건립 등

(2) Lowi의 정치특성에 따른 정책유형 분류

① 규제정책 및 분배정책은 Almond의 정책과 동일하다.
② 재배분정책: 사회적·경제적 보상의 기본관계를 재구성하는 정책이다. 즉, 분배정책은 반대급부가 없지만 재분배정책은 일단 국민의 소득수

준에 따라 차별성을 가지고 정부가 재원을 확보한 후에 다시 사회적 형평성의 실현을 위해 분배하는 것을 말한다. 그러나 부유층이나 가난한 층이나 모두 국가에 대해 여러 의무 이행을 전제로 한다. 그러므로 분배정책보다는 덜 선호하며, 세금을 많이 낸 사람과 조금 낸 사람에 대한 분배는 동일하기 때문에 사회적 갈등의 소지가 가장 높은 정책이다.

> 예 조세의 누진세제도, 실업수당, 영구임대주택 건설, 공공근로사업 등 각종 사회복지정책

③ 구성정책: 정부조직의 구성에 관한 정책으로서 기구 자체의 구조나 기능의 변경을 목적으로 하는 정책을 말한다.

> 예 정부기관의 설립·개편, 선거구 및 관할구역의 조정, 체제 및 입헌정책, 공무원의 봉급조정, 군인 퇴직연금정책 등

(3) Ripley Franklin의 정책형성 및 집행에 따른 분류

① 분배정책 및 재분배정책

② 보호적 규제정책: 정부가 관련 집단에게 제약조건을 설정하여 일반 대중의 보호목적을 가진 정책이다. 즉, 관련 집단의 영리행위가 일반 국민들에게 손해 가지 않도록 제한하는 규제정책으로서 대부분의 규제정책이 이에 해당한다.

> 예 최저임금제, 근로기준법, 독점 및 공정거래 규제법률, 식품위생법, 각종 공공요금 기준설정에 관여

③ 경쟁적 규제정책: 특정 개인이나 집단에 대해 허가(혜택)와 규제(제한)의 성격이 동시에 적용되는 정책이다. 즉, 법적으로 영리행위를 승인하면서도 활동에 대한 일정한 기준을 적용하여 제한을 함으로써 사회전체의 이익을 추구하는 정책이다.

> 예 라디오나 TV 방송허가, 어업 및 항공노선취항권의 허가, 정보통신업자가 유선방송업자를 선정하고 결정하는 경우의 정책, 이동통신

사업권, 고속버스, 각종 버스노선운행 및 항해운항 허가, 택시회사
사업운영권 허가 등에 적용되는 정책

(4) Salisbury와 Heinz의 분류

① 규제정책, 분배·재분배정책은 Lowi 분류와 동일
② 자율규제정책: 정부의 규제권한을 규제 대상조직에게 위임하는 경우로서,
   주로 전문 직업 집단에 적용되며 구성원이 위반을 할 경우 정부를 대신
   해서 집단구성원을 자체 규정에 의거, 규제하도록 위임한 정책이다.
   예 의사협회, 변호사협회, 약사협회, 한의사협회 등

C heck
P oint

1. **포크 배럴(Pork Barrel, 돼지구유통)**: 분배정책에서 많이 발생하는데, 예산분배과정에서 국회의원들이 자기 지역구를 위한 예산확보에 열을 올리는 미국의 '이권법안'에서 유래되었다. 역사적으로는 농장에서 배고픈 노예들이 한 조각의 돼지고기를 놓고 싸우는 현상을 비유해서 국회의원들의 정부예산을 둘러싸고 경쟁하는 모습을 표현하고 있다.
2. 분배정책에서 정책 관련 단위들(개인, 회사, 법인)은 의안의 협력통과(log-rolling)를 가져온다.
 • log-rolling: 투표의 거래 또는 투표의 담합을 의미하는데, 담합이 발생하면 자신의 의사와는 관계없이 결정안(案)에 투표하고 동조해야 하는 집단적 의사결정 형태를 말한다.
3. 분배정책은 반대급부가 없는 정부의 일방적인 분배의 성격을 지니지만 재분배정책과 각종 규제정책은 국민들의 반발과 정부감축에 대한 압력요인으로 작용할 수 있다.
4. **파레토 최적(Pareto optimal)**: 파레토 최적 상황은 배분적 효율성이 극대화된 상태를 말한다. 개인과 조직은 재화나 서비스를 교환함으로써 서로의 효용성을 증대시킬 수 있는데, 어떤 상태에 이르게 되면 개인이나 조직들 가운데 어느 한 개인이 조직의 효용을 감소시키지 않고는 다른 개인이나 조직의 효용성을 증가시킬 수 없는 상태이다. 즉, 상대적으로 어떤 주체의 효용의 변화가 발생하지 않고는 다른 주체의 효용성을 변화시킬 수 없는 상황을 말하므로 더 이상의 최적의 상태를 모색할 수 없는 만족의 상태를 말한다.

정책과 가치
 정책연구의 필요성은 정치와 정책, 그리고 정책과정의 바람직한 당위성을 확보하는 것이 중요하다. 개도국의 정치와 행정문화는 정치인과 정책관료, 집행 주체인 관료의 행태적 특성(Riggs의 사랑방 모형)과 정경유착으로 정책과정은 제도와 현실 간의 큰 괴리현상을 나타낸다(불법, 불합리성, 반민주성, 불공정성, 불형평성 등).
1. **정책철학**: 정책이 추구해야 할 가치는 공익으로 표현된다. 공익의 개념은 특정한 사회가 상당기간 동안 정치행정적 학습을 통해 형성한 정치사상 또는 정책철학을 그 배경으로 한다. 정책철학(Policy Philosophy)이란 '정부의 목적을 달성하기 위해 가장 바람직하다고 생각되는 수단에 대한 여러 가지 가치들의 집합체'를 말한다.

---

2. **정책철학에 대한 B. Bozeman의 구분(안해균)**

(1) **보호주의(Protectorism)**: 정책이란 특정의 사람들과 다른 사람들 또는 그들 자신들로부터 보호하기 위해 존재한다는 개념이 전제된다. 보호주의에서는 정부의 활동을 규제적이며 강제적인 것으로 생각한다. 따라서 이익분배와 사회자원의 재분배, 국민을 대표하는 정부의 활동은 보호주의에 입각한 정부활동과는 거리가 먼 활동으로 본다(정부활동은 개인규제이므로 개인보호와는 무관). E. Banfield는 도시문제 개선을 위한 계획은 규제와 강제에 의존할 것을 주장한다.

(2) **합리주의(Rationalism)**: 인간은 뛰어난 이성을 믿으며, 계량분석과 같은 과학적 분석과 논리 및 체계적 연구를 통해 정부의 정책과정상 발생하는 제 문제를 해결할 수 있다는 가정을 한다. 합리주의적 요소는 모든 행정부의 활동에서 나타나고 있는데, 복잡한 행정환경을 과학적이고 체계적인 조사·분석 등을 통해 명확히 이해하고 극복 및 해결할 수 있다고 주장한다.

(3) **중개주의(Brokerism)**: 정책철학에서 중개주의의 특징은 다원주의에 입각해서 사회에 대한 개념을 여러 집단의 다양한 이익의 집합체로 보고, 정부를 그러한 이익들이 서로 갈등이 발생하지 않도록 균형을 유지하고 사회 단위를 통합하는 중개기능으로 설명하고 있다. 중개주의 철학에서는 대표성과 집단정치를 강조한다. 집단정치의 강조는 개별적 이익이 정책에 모두 반영되기는 현실적으로 어렵기 때문이다. 그 이유로 네 가지를 들고 개별적 이익들의 집단적 이익표출이 바람직하다는 것이다.

① 개개인의 선호 판단의 어려움.

② 정책의 우선순위 결정 기준의 결여

③ 개별적 이익의 균형점 확보 기법과 계산상의 복잡성

④ 개별적 이익 표현과정상의 의사소통수단의 미흡

(4) **실용주의(Pragmatism)**: 관료구조(SOP의 준수, 문서 중심, 공식성, 몰인간화, 명령계통의 중시 등)에서는 실용적 요소가 많이 배제되어 있다. 그러나 행정활동에서 행동규칙과 권위구조의 미흡은 관료의 재량권을 확대시킴으로써 적절한 상황 대처를 중시하는 실용주의가 적용될 수 있다.

(5) **이전주의(Transferism)**: 가진 자로부터 재원을 추출해서 못 가진 자에게 배분하여 이들 간의 차이를 줄이려는 복지국가적 정책철학이다. 대표적 학자는 Pigou로서 ① 소득의 상대성, ② 사회적 유용성, ③ 정책의 도덕적 정당성, ④ 빈곤의 개념으로 설명하고 있다.

(6) **이기주의(Egoism)**: 행정조직과 관료들은 사회적 이익보다는 자신의 목표달성에 열중한다는 것이다. 즉, 사회적 이익증진보다는 행정조직은 자체 목표달성에만, 관료는 자신의 개인이익 도모에 치중한다는 것이다(A. Downs). 현대 행정에서 많은 정책들이 이러한 이기주의 정책철학을 중심으로 진행되고 있는 반면에 이에 대한 관심을 가진 정책결정이론의 발전은 부족한 것으로 인식하고 있다.

공익과 사회지표

01 공익

1. 의의

(1) 개념

공익이란 시대의 흐름과 논자에 따라 달리 인식되어 왔기 때문에 하나의 정확한 개념으로 정의할 수 없으나, 행정이 추구하는 최고 가치이자 행정인의 활동에 관한 최고 규범적 기준이라고 말할 수 있다. 좀 더 구체적으로 정의하면 "불특정 다수인의 이익, 개인과 집단의 특수 이익이나 사익을 초월한 사회 전체에 공유된 가치로서 사회 일반의 공동이익"이라고 할 수 있다.

(2) 특징

공익은 공공조직이 활동하는 데 있어서의 이념적 최고 가치이며, 행정인의 활동에 관한 최고의 규범적 기준이다. 따라서 공익은 국민에 대한 행정의 책임성과 통제와도 밀접한 관계를 가지고 있으며, 정책 목표 내용과 결정의 기준이 된다. 이와 함께 공익에 대한 개념의 다양성에 따라 규범적, 가치 중심적, 질적, 복합적, 유동적인 속성을 가지고 있다.

2. 공익 개념에 대한 관심

(1) 정치·행정일원론의 대두

행정에 정책결정 기능이 중요시되자 정책결정 기준으로서의 공익이 중시되었다.

(2) 관료의 재량권·자원배분권·가치배분권의 확대

행정국가의 대두와 함께 방대해진 재량권·자원배분권·가치배분권의 행사기준의 정립을 통해 그 남용방지를 필요로 하게 되었다. 따라서 행정의 책임과 통제의 필요성이 대두되었다.

(3) 변화담당자로서의 행정인의 적극적 역할

1960년대 발전행정론의 대두로 행정이 사회변동의 주체로서 기관형성을 통한 변동을 유도할 수 있는 규범적 기준이 필요하였다.

(4) 신행정론의 대두와 행정 철학의 중시

행정의 사회적 형평성 내지 사회정의의 실현 등 행정의 규범적 성격과 가치 지향성이 강조되면서 행정인의 최고 행동의 규범적 기준으로서의 공익에 대한 연구가 본격화된다.

(5) 행정행태의 윤리적 준거기준의 필요

관료제가 비대해지면서 국민의 의사는 외면되고 권력 확대에만 관심을 갖는 경향이 뚜렷해짐으로써 행정행태의 윤리적 준거기준의 정립이 필요하였다.

3. 공익의 특성

(1) 사회의 일반적인 기본가치로서의 성격

공익은 평등·정의·공정성·복지·인간존엄 등과 같은 사회의 일반적인 기본적 가치를 의미한다. 이러한 가치는 결코 선험적으로 존재하는 것은 아니며, 어디까지나 경험적·역사적으로 사회의 확립된 기본적 가치로서 존재한다.

(2) 사회일반인의 공동이익

공익은 개인이나 집단의 대립적 특수이익이나 사익을 초월한 사회일반인 내지 불특정 다수인의 공동이익을 의미한다.

(3) 배분적 이익

공익은 특정 개인이나 특정 집단에 집중·집적되는 이익이 아니라 일반 사회 공동인에게 널리 배분되는 이익인 것이다.

(4) 역사적·동태적 성격과 불확정성

공익개념은 역사적·시대적 상황의 변동에 따라 그 의미와 내용이 변동되기 마련이다. 그러므로 공익개념은 절대적·확정적·정태적 개념이 아니라 상대적·불확정적·동태적 개념으로서의 특성을 띠고 있다.

(5) 규범적 성격

공익은 행정인이 준수해야 할 최고의 행동규범이며, 행정책임·정책결정·정책평가의 규범적 기준이기도 하다.

(6) 유용성

공익은 전술한 규범적 기준으로서의 역할 이외에도 ① 특수사익의 공존 체제를 구축하며 더욱 광범한 일반이익을 추구하는 데 도움을 주며, 국민의 광범한 동의·지지기반을 확보해 준다. ② 정부활동의 미래방향을 제시해 준다. ③ 국가가 국민 개인에게 요구하는 행위를 정당화시켜 주는 역할을 해 준다.

4. 공익에 대한 쟁점

(1) 실체설(적극설)

① 내용: 실체설은 공익을 규범적·도덕적·선험적·실체적 개념으로서 파악한다. 즉, 공익은 사익의 단순한 총화가 아닌 사익을 초월하여 도 덕적·규범적·선험적 실체로서 존재한다고 본다. 따라서 공익과 사 익 간의 갈등이란 있을 수 없다는 입장이다.
② 대표적 학자: Platon, Rouso, Bendam, Kant, Held, Bendit, Lippman, J. Rawls, Redford 등
③ 비판
  ㉠ 인간의 규범적 가치관에 따라 공익관의 차이가 불가피하다.
  ㉡ 누구의 공익관이 우선하느냐에 대한 의견 차이가 불가피하다.
  ㉢ 소수인의 공익결정으로 비민주적 성격을 띠며 민주사회의 평등이념 에 배치된다.
  ㉣ 극히 추상적인 개념규정으로서 조작적·구체적 개념화가 어렵다.
  ㉤ 현실적으로 공익결성에 별로 큰 도움을 주지 못하는 이론이다.

(2) 과정설(소극설)

① 내용: 과정설은 공익이 상호 경쟁적·대립적인 다원적 사익이 조정되면서 어떤 균형된 결과로 나타난 산물이라고 보며, 사익과 본질적으로 구별되는 공익은 존재하지 않는다는 입장을 취한다.
② 대표적 학자: Schubert, Lindblom, Key, Harmon, Sorauf, Bentley, Shuster 등
③ 비판
  ㉠ 사익 이외의 국익·공동이익의 존재를 고려하지 않고 있다.
  ㉡ 공익의 사전평가기준을 제시하고 있지 않다.
  ㉢ 이기적인 사익이 갈등의 조정·타협 과정에 의하여 자동적으로 공익으로 승화된다는 기계적인 관념을 받아들이고 있다.
  ㉣ 정보에 어둡고 조직화되어 있지 않은 일반국민의 이익을 누가 대변·대표하느냐가 문제된다.
  ㉤ 규범적·도덕적 요인이 무시되고 있다.
  ㉥ 행정인의 공익결정 역할이 소극적일 수밖에 없다.

(3) 절충설

① 내용: 실체설과 과정설의 입장을 절충한 것으로서 사익을 초월한 공익의 존재는 인정하면서도 공익과 사익 간의 상호관련성을 받아들여 사익과 관련하여 공익을 이해하는 입장이다.
② 대표적 학자: Appleby, Buchaman, Tullock, Herring, Friedrich 등
③ 비판
  ㉠ 대립적인 특수 이익 간의 공통적 요인으로서 공익과 특수이익을 구별하게 하는 기준이 무엇이냐가 문제된다.
  ㉡ 사회 전체의 일반이익은 어떻게 식별할 수 있느냐가 문제된다.

공익과 정책철학의 관계(안해균)

(1) **보호주의**: 단일한 절차적 공익개념

공익달성을 위한 적절한 절차의 마련을 전제로 한 절차적 공익개념이 보호주의 정책철학을 배경으로 한다고 볼 수 있다.

(2) **합리주의**(형식적 공익관)

과학적, 객관적 절차에 기초한 관료에 의해 가장 능률적이고 합리적인 정책이 이루어질 것으로 보고 이러한 정부의 각종 계획의 목표가 공익이 된다고 보는 것이다.

(3) **중개주의**(합계적 공익관)

공익의 개념은 개별적 이익들의 합 또는 여러 많은 이익들이 포함되는 것으로 중개주의 철학과 관련이 있다. 이때 공익은 실체설이 아닌 과정설(현실주의적 공익)로 본다.

(4) **실용주의**(다원적 공익관)

정책결정자가 어떤 상황에도 사회가 추구하는 규범에 융통성을 가지고 정책을 구현하고 가능한 모든 실용적 수단을 활용할 것을 주장하는 것이 실용주의 정책철학이다. 이렇게 특정 시기에 특정 사회의 개별적 규범에 일치하는 것을 내용으로 하는 것이 다원적 공익개념이다.

(5) **이전주의**(규범적 공익관)

공익은 도덕적 차원에서의 규범성을 강조하며 이상주의적 공익개념으로 실체설로 볼 수 있다. 규범적 공익개념을 공공지향적 견해라고 부른다.

(6) **이기주의**(공익부재관)

행정활동이 사회적 전체 목표를 달성하기보다는 조직과 관료의 개별적 이익 추구에 몰두한다면 공익은 부재하게 된다.

---

02 사회지표

1. 의의(유종해)

(1) 개념

사회지표란 국민의 경제·사회·환경 및 생활의 질의 수준을 표시해 주는 모든 지표를 말하며, 생활수준지표·복지지표라고도 한다.

(2) 사회지표 대두요인

① 경제지표의 한계: 물량을 중심으로 한 경제지표로서는 정부가 국민의 총체적인 삶의 질을 측정할 수 없기 때문에 새로운 사회지표 개발의 필요성이 인정되었다.

② 사회정보·통계에 관한 학자들의 인식: 정확한 사회정보·자료·통계를 통해 정부의 활동을 지원하고자 하는 학자들의 관심 증대는 사회지표의 연구를 촉진시키게 되었다.

③ 사회복지 및 사회개발정책 추진: 시장실패 이후 사회복지국가를 지향하면서 국민의 삶의 질의 향상에 대한 관심이 제고되었고, 전반적인 국가 및 사회개발정책 추진을 위한 기준과 지표가 필요하게 되었다.

④ 정책평가의 중시: 행정의 수행능력과 국민에 대한 행정의 올바른 역할을 평가해 주는 평가기준으로서 사회지표에 대한 연구가 촉진되었다.

(3) 사회지표의 필요성(K. C. Land)

① 사회정책의 합리성에 포함되는 내용
  ㉠ 개별 공공사업의 평가
  ㉡ 국가경제회계에 유추한 사회회계제도를 설립
  ㉢ 사회적 목표와 사회정책설정을 위한 것

② 사회변동의 합리성에 필요한 내용
  ㉠ 사회조건(사회상태)의 측정
  ㉡ 생활의 질 또는 인간존재의 조건에 대한 정보를 지닌 경제지표의 보완
  ㉢ 사회변동(사회조건의 변화)의 측정

③ 사회보고의 합리성에 필요한 내용
  ㉠ 사회보고의 개선
  ㉡ 미래의 사회적 사건과 사회생활의 예언

(4) 우리나라의 사회지표의 기능(기획예산처의 설정)

① 국민생활의 수준 측정
② 사회상태의 종합적 측정
③ 사회변화의 예측
④ 사회개발정책의 성과측정

2. 사회지표의 성격

(1) 인본주의적 정보 중시

사회지표는 인간 중심의 인식에서 인간을 대상으로 하는 인간의 삶의 질에 관한 정보를 중시한다.

(2) 규범 지향성

사회지표는 특정사회가 지향하는 가치·목표에 관한 정보를 내포하고 사회정책의 형성과 평가에 활용되는 성격을 갖고 있다.

(3) 종합성

사회지표는 사회 전반의 정보를 종합적으로 파악하고 체계화해야 함은 물론 종합적으로 판단할 수 있도록 되어야 한다. 즉, 단절적 정보는 부분적인 합리성은 존재할지 모르지만 전체적인 종합적 합리성은 저해되기 때문이다.

(4) 변동성 및 적합성의 성격

사회지표는 사회개발의 목적과 목표, 그리고 국민의 관심과 요구변화에 대한 적절한 대응력을 가지고 그 개념도 변해야 한다.

(5) 개인수준의 분배적 성격

사회지표는 사회상태의 전체적·종합적인 정보와 국민 개인수준의 삶의 질에 관한 정보를 수집하여 측정할 수 있어야 한다.

(6) 산출 및 결과 지향성

사회지표는 투입보다는 산출, 원인보다는 결과·효과 면의 정보를 더 중요시하는데, 그건 국민에게 주어지는 혜택의 결과가 어떤 정도냐에 따라 행정이 추구하는 바를 평가할 수 있다. 이때 사회지표의 역할을 다하게 되는 것이다.

(7) 시차적 적응성의 인정과 지표의 안정성 부인

사회지표는 국민생활의 질적 변화와 전반적인 사회가 바람직한 결과로 변동되었는가를 중시하므로 지표의 안정성보다는 시차적 변동을 측정할 수 있는 지표로서 자기 관찰 기능이 요구된다.

3. 사회지표의 유형

(1) 객관적 지표와 주관적 지표

단순히 겉으로 나타난 표상적인 현상을 내는 객관적 지표와 심층적인 인식을 식별하는 주관적 지표로 나누어진다.

(2) 직접지표와 간접지표

지표작성의 대상이 되는 현상을 직접 또는 간접적으로 측정할 수 있느냐에 따르는 구분으로서 객관적 지표와 주관적 지표의 구분과 밀접한 관계가 있다.

(3) 경제지표와 사회지표

사회지표는 사회, 정치, 문화 등에 관련된 사항과 사회정책에 대한 재원조달과 배분의 문제를 포함하는 지표이며 경제지표의 대칭개념으로서 사회라는 용어를 부각시켰다.

c heck
p oint

성과지표의 분류: 투입지표, 과정지표, 산출지표
① **투입지표**: 사업비 절감액, 사업비 지출액
② **과정지표**: 사업을 단계로 나누어 각 단계의 목표달성 여부를 평가하는 지표(공사 진척률)
③ **산출지표**: 결과지표와 영향지표를 포함한 최종성과에 대해 측정하는 체제적 관점과 투입에 대한 산출의 개념으로 분류

4. 사회지표의 대상

(1) **삶의 기본조건**: 생존, 신체적·심리적 안전의 지표로서 보건 및 식량문제, 환경, 인명, 공안을 말한다.
(2) **사회·경제적 영역**: 풍요로운 생활환경을 보장해 주는 사회지표의 대상이며, 노동과 고용, 소득과 소비형태, 주거, 사회보장, 여가, 생활환경이다.
(3) 사회·정치적 영역인 사랑·인정·존중을 말하며, 가정과 가정생활, 단체생활, 종교, 정치·행정관계, 소외 등을 대상으로 한다.

(4) 사회·문화적 영역: 자기실현으로서 시간의 활용, 학문과 예술, 교육, 사회계층과 그 변동 등이 지표대상이 된다.

5. 사회지표 개발의 문제점과 개선방안

국가개발의 개념과 연계되어 외국 사회지표의 도입 및 개발이 이루어져야 한다. 그 방향성과 체계화의 기준은 자기 변혁 사회, 쇄신적 개발, 인본주의적 변화의 강조, 전체적 진보 및 빠른 변동이 요구된다.

C heck
P oint

소득불평등 지표

1. 지니계수
   ① 개념: 이탈리아 통계학자 지니가 계발한 계수로서 소득불평등 정도를 나타내는 지표로 사용되고 있다.
   ② 내용: 소득불평등 정도의 표시를 0에서 1 사이의 수치로 나타내는데, 0을 소득 분포가 완전 평등상태로 보고 반대로 1에 가까울수록 불평등 정도가 높다고 평가하는 것이다.

2. 로렌츠 곡선(Lorentz curve)

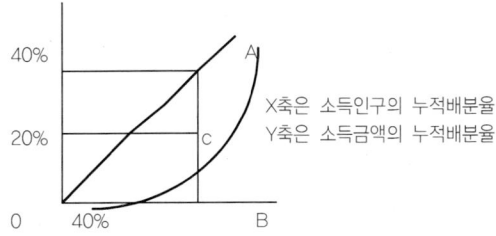

X축은 소득인구의 누적배분율
Y축은 소득금액의 누적배분율

(그림설명) C점은 하위소득계층 40% 인구가 전체 소득의 20%를 점유한다는 것을 의미하는데, 0A선은 완전평등 분포선으로서 0A 선상 위에 있다면 소득의 불평등이 없는 이상상태를 말한다. 로렌츠 곡선은 활모양의 곡선으로서 소득의 불평등 분포선이고, 0AC0의 면적만큼 불평등이 발생한 것이다.

CHAPTER

03 정책의제와 정책목표

01 정책의제 설정

1. 의의

(1) 개념

① 정책의제 설정(Policy agenda setting)이란 정책과정이 시작되는 단계로
   서 정부가 해결하고자 하는 사회문제를 정책문제로 채택하는 행위의
   과정을 말한다.
② 정책의제는 주요 정책문제가 구체적인 정책결정이 되기 전 정책화하
   여 해결해야겠다고 판단되어 검토대상이 된 사안을 말한다.
③ 이 과정은 사회적으로 중요한 쟁점들이 정부 내에서 논의되어 공식의
   제로 선택되거나 또는 의제화되지 못하고 사장되는 단계이다.

(2) 정책의제 설정기준과 의제화

① Cobb - Elder의 설정기준: 일반성 또는 구체성, 사회적 유의성, 복잡성
   또는 단순성, 시기적 적절성, 선례의 유무가 의제화에 영향을 미친다.
② 정책 의제화되기 쉬운 경우
   ㉠ 사회 전체에 미치는 영향이 매우 큰 문제
   ㉡ 관례화되었거나 일상화된 문제

ⓒ 관련 집단들에 의해 예민하게 쟁점화된 문제

ⓔ 일반적, 대중적이고 사회적 관심이 높은 문제

ⓜ 민주화가 진전될수록 사회문제들이 정책의제로 되기가 더 쉬어진다.

ⓗ 문제의 해결을 위한 재원의 조달 가능성이 클수록 의제화되기 쉽다.

ⓢ 문제가 이해되기 쉽고 해결책을 찾아낼 수 있다고 판단될수록 의제
화되기 쉽다(문제해결의 기술적 단순성).

ⓞ 극적인 사건과 같은, 위기와 관련된 의제

③ 정책의제에 관한 일반적 내용

ⓐ 사회적 쟁점은 집단 간의 의견의 일치를 보기 어려운 사회문제이다.

ⓑ 사회문제가 사회적 쟁점이 되기 위해서는 주도자와의 점화장치가 필
요하다.

ⓒ 삶의 질, 소득분배 개선 등과 같은 문제의 의제화는 경제발전 정도
와 관련이 깊다.

ⓓ 이익집단의 크기에 따라 영향을 받는데, 비교적 크기가 클 때 의제
화 가능성이 높다.

2. 정책의제 설정과정에 따른 분류

(1) Cobb과 Elder의 모형

① 사회문제(social problem): 개인문제로 시작되어 불특정 다수인에게
장기간에 걸쳐 반복적으로 영향을 주어 환경에서 공통적으로 인식된
문제를 말한다.

② 사회쟁점(social issue): 사회문제화된 것에 일반인의 관심이 집중되어
사회의 이슈로 자리 잡은 단계이다.

③ 공중의제(public agenda): 사회적으로 쟁점화된 것이 일반 대중에게 공론
화되어 정부가 정책화하고 문제해결에 적극적으로 나서야 한다고 생각

하는 문제로서 환경의제, 체제의제, 토의의제라고도 한다.

④ 공식의제(formal agenda): 공중의제가 정부 내로 투입되어 공식적인 의사결정 과정을 거쳐 정부가 채택한 의제를 말하며, 정부의제, 제도의제, 행동의제, 기관의제와 같은 용어이다.

(2) R. Eystone의 모형

① 사회문제의 발생
② 사회문제의 인지
③ 타 집단의 참여
④ 사회쟁점화 및 표출
⑤ 공중의제화
⑥ 쟁점 주창자의 활동
⑦ 공식의제로 채택
⑧ 정책결정
⑨ 관련 집단의 이익표출의 단계로 진행된다.

(3) C. Jones의 모형

① 사건 또는 문제의 인지
② 문제의 본질 정의
③ 인식의 결집
④ 관련 집단의 조직화
⑤ 정부에 대한 의견의 대표성 구축
⑥ 공식의제화의 단계를 거친다.

(4) 콥과 로스의 과정모형

① 이슈의 제기: 초기에는 매우 포괄적으로 이슈가 표명·공표되는 과정

을 말한다.

② 구체화: 제기과정에서 표출된 일반적 고충이 특정한 정책적 요구로 구체화되어 전환되는 과정을 말한다.

③ 확장 또는 확산: 정부의 관심을 유도하기 위해 대중 집단에게 그 문제를 확산시켜 인식을 같이하여 정책결정자가 그것을 공중의 이슈로 구체화하는 과정이다.

④ 진입과정: 체제의제가 정부의제로 공식 전환되는 과정이다.

(5) Kendrick의 이론

① 문제 진술 과정: 특정의 사회문제를 정책 의제화하기 위해 문제를 명확히 하는 과정이다.

② 문제 전달 과정: 환경(공중, 대중)에게 문제의 중요성과 심각성을 전파함으로써 정책결정자에게 영향력을 행사하는 과정이다.

③ 조직화 과정: 사회 전체적인 문제로 전파·전환되고 나면, 정부 의제화되도록 그 문제를 책임지는 대표 조직을 확보하는 것이다.

3. 정책의제 설정과정에서의 주도자에 따른 분류(Cobb과 Elder)

(1) 외부주도형: 사회문제 → 사회이슈 → 공중의제 → 공식의제

① 정책의제 이슈가 사회의 비정부집단에서 시작되어 공중의제가 되고 정부체제에 진입되어 공식의제로 채택되는 과정을 거친다.

② 한 집단이 사회적 불만을 결집한 후 동일한 집단들의 요구를 지지하고 확대하면서 일반적인 대중의 문제로 확산시키고 공식 의제화될 때까지 다른 집단에 합류하기도 하면서 로비와 경쟁을 반복한다.

③ 많은 정책이 외부주도형으로 설명이 가능하며, 특히 NGO를 비롯한 시민단체의 활동으로 더욱 증가되고 있다(경실련 등 시민단체의 요구

로 이루어진 금융실명제).

(2) 동원형: 사회문제 → 공식의제 → (사회이슈) → 공중의제

① 정부의 결정자들은 공식 의제화된 것을 대중의 지지를 동원하기 위해 공중의제로 확장시키려고 노력한다(행정PR 활용).
② 일반 대중들은 공식 발표 후에나 정책의 내용을 인지하는 문제가 발생하며, 구체적인 정책내용은 정해진 경우와 원칙만 발표한 후에 나중에 정해지는 경우 두 가지의 경우가 있다. 즉 공식의제가 바로 정책이 되는 경우가 많다.
③ 서정쇄신, 제2건국운동, 노무현 정부의 강남부동산투기억제책, 노무현 정부의 신행정수도 이전 정책, 신행정수도 이전에 따른 서울 경기지역 공동화 현상에 따른 서울, 경기권 주민의 저항방지 겸 세수확보를 위한 서울지역 타운 건설정책(강남을 희생양으로 삼음) 등

(3) 내부접근형(음모형): 공식의제 → 공식의제

① 관료조직 내부에서 의제화된 유형으로서 정책특성상 외부에 홍보나 알릴 필요가 없는 경우로서 내부에서만 은밀히 이루어진다고 보기 때문에 음모형이라고도 한다. 광의로는 내부주도형에 포함된다.
② 다원화되지 않은 사회나 시민단체가 활성화되지 않은 권력집중형인 후진국이나 권위주의적 군사정권에서 주로 나타나는 현상이며, 미국을 비롯한 선진국에서도 국방 및 외교정책과 같은, 비밀을 요하는 정책을 설명할 수 있다.
③ 한미FTA협상, 한일어업협정, 국방부 전력증강사업, 금강산 개발 및 대북지원사업, 국정원의 각종 정책 등

(4) 굳히기형: 공식의제 → 사회이슈 → 공중의제 → 공식의제

동원형의 경우에 정부의제를 공중에 확산한 후에 국민들의 지지가 있을 경우에는 공식의제로 적극 채택하고 굳히는 모형이다(Cobb과 Elder의 모형은 외부주도형, 동원형, 내부접근형 3가지이다).

C heck

P oint

정책의제 설정 계기와 사회적 환경에 따른 분류(노화준)

(1) 포자모형과 흐름모형

① **개념**: 사회적 이슈가 어떤 계기에 어떠한 사회적 환경에서 공식의제로 채택되느냐에 대한 측면에서의 논의되는 모형이다(외부주도형과 동원형은 주도적인 역할과 전략적 측면에서의 논의).

② **포자모형**

  ㉠ 곰팡이의 포자가 일정한 여건이 조성되지 않으면 균사체로 발전하지 못하고 포자상태로만 유지되듯이 어떤 사회적 이슈에 대하여 이해관계는 있으나 그 이해집단이 영향력이 없기 때문에 평상시에는 정부의 의제로 발전시키지 못한다는 모형이다.

  ㉡ 핵심논리는 영향력이 적은 이해집단의 경우 이슈촉발계기(triggering device)가 마련되고 이슈 창도자의 적극적인 역할 전개로 유리한 환경이 조성될 때, 그 집단의 영향력은 크게 발휘되어 그들의 이슈가 공식 의제화되도록 작용한다는 것이다.

③ **흐름모형**

  ㉠ 흐름모형은 정책의제의 형성과 정책대안의 구체화 과정에서의 능동적 참여자와 정책의제 및 대안이 논의되는 과정이 중요한 변수로 인식된다.

  ㉡ 모형의 기본구조는 상호 분리되어 독립된 문제의 흐름, 해결책의 흐름, 정치적 흐름이 어떤 계기에 의해 서로 결합되어 새로운 정책의제로 형성된다고 본다.

  ㉢ 쓰레기통 모형과 같이 정책과정에의 참여자, 참여자의 문제인식, 해결책들이 어떤 정치환경적 맥락에서 결합하느냐에 따라 정책의제의 내용과 형태가 다르게 결과한다고 한다.

(2) **포괄적 모형**

① 포괄적 모형은 정책의제형성의 일반모형이라고도 하며, 정부기관 및 제2, 제3섹타의 의제형성 영역도 설명하고자 한다.

② 이 모형에서는 항상 정책의제설정 4단계를 거치는 것보다 정책문제의 태동은 체제 내에 장기적인 잠복기간을 거치는 과정에서 행정 외적인 변수에 의해 서서히 또는 급격히 사회적 이슈로 나타나기도 하고 정책결정과 집행평가가 이루어진 후 환류작용에 의해 비슷한 문제나 전혀 다른 새로운 문제로 바뀌어 사회이슈로 등장할 수도 있다는 것이다.

③ 주요 특징은 정책의제형성이 정책결정 이후, 또는 정책의 집행과정이나 평가가 이루어진 후 그것이 환류되어 사회 내에 잠재되어 있는 문제의 인지에 영향을 미치거나 이슈의 표출에 영향을 미침으로써 새로운 의제형성과정이 시작된다는 것이다.

---

4. 무의사결정과 정책오류

(1) 무의사결정

① 개념: 무의사결정(non-decison making, 無意思決定)이란 정책의제로 채택되지 못하는 경우를 말한다. 이는 채택자들의 의도로 특정 쟁점이 결정을 위한 고려대상이 되지 못하게 하거나 의제로 구체화되지 않고 방치, 기각되는 현상을 말한다.

② 무의사결정의 내용
  ㉠ 정책 내용과 범위를 한정시켜 상징에 그치는 대안을 선택하기도 한다.
  ㉡ 문제를 기각, 방치하여 결과적으로 정책대안을 마련하지 않은 경우도 있다.
  ㉢ 정책문제의 과정에서 엘리트들에게 안전한 의제만을 논의시키고 문제소지가 있는 의제는 거론조차 못 하게 하는 것이며, 정책문제가 정책의제로서 아예 채택되지 못하는 상황으로서 그때의 의제를 사이비의제라 한다.
  ㉣ 엘리트가 자기 권력을 비밀리에 행사하는 것을 의미하며, 약자의 이익과 의견을 무시하면서 발생한다.
  ㉤ R. Dahl에 의해 대표되는 다원론에 대한 반발에서 야기된다.
  ㉥ 바흐라흐와 바라츠는 의사결정자의 이해나 가치에 대한 명시적 또는 잠재적 도전을 억압하려는 결정으로 정의하였다.
  ㉦ 정치체제 내의 지배적인 규범이나 절차를 강조하여 변화를 위한 주장을 억압하는 것은 무의사결정의 한 방법이다.
  ㉧ 무의사결정은 정책과정 곳곳에서 일어나며 정책문제를 정책과정에 진입조차 하지 못하도록 하는 행위도 포함한다.
  ㉨ 정치권력은 두 가지의 얼굴을 지닌다는 주장과 관련된다.
  ㉩ 무의사결정론은 엘리트이론과 관계가 있다.

ㅋ 무의사결정은 정책의제형성과 깊은 관계가 있으나 정책집행과정에
　 서도 발생한다.

③ 무의사결정이 발생하는 경우
　ㄱ 당시 지배적 가치에 대한 도전을 억압하고자 할 때 발생(정치문화
　　 또는 가치 등에 위배되는 의제는 채택되기 어려운 것임)
　ㄴ 정책결정자(관료)의 편견의 동원이 요인
　ㄷ 정책결정자의 이익과 괴리될 때 발생
　ㄹ 관료들이 정치지도자의 의향에 과잉 충성하는 경우
　ㅁ 기득권층의 옹호목적(지배계층에 대한 손해나 불리한 상황을 미연
　　 에 방지하고자 할 때)

④ 무의사결정을 위한 방법 또는 수단
　ㄱ 폭력이나 선동을 통해 약자의 이익을 무시
　ㄴ 기존에 주어지고 있는 특혜 등을 박탈
　ㄷ 편견 또는 기존의 고정관념을 동원 및 활용
　ㄹ 지연, 위장합의 또는 적응적 흡수(문제야기 주체를 조직 내에 흡수
　　 하여 무마)

(2) Simon의 의사결정론: 일부만이 정책 의제화된다는 주장

① 개념: 사이먼은 의사결정 활동을 의사집중 활동, 설계, 선택의 세 가지
　 국면으로 구성되어 있다고 보고, 연구 초점은 의사결정을 할 때 최초
　 의 단계에서 어떤 문제에 주의를 집중하는가에 대한 분석에 두었다.
② 내용: 인간은 사물을 인지하는 능력에 한계가 있기 때문에 동시에 많
　 은 문제에 대해서 주의집중이 어려우므로 대상 중에서 몇 가지 문제
　 만을 먼저 생각한 후 일부 문제만이 정책 결정자에 의하여 정책문제
　 로 채택된다는 것이다.
③ 한계: 많은 사회문제 중에서 인간의 능력한계로 왜 일부만이 정책문제

로 채택되는가에 대한 설명은 되지만, 정책문제로 채택된 것과 그렇
지 않은 문제에 대한 이유를 설명하지 못하는 한계가 있다.

5. 정책의제 설정에 미치는 세력에 따른 분류
(국가와 사회의 관계 이론)

(1) 의의

① 정책의제 설정과정에서 Bachrach와 Baratz의 무의사결정론은 정치학뿐만
아니라 행정학으로도 접근할 수 있다. 정치학에서는 Mosca, Pareto, Michels
의 고전엘리트론, Hunter, Mills의 통치엘리트론 Dahl, Polsby, Wolfinger 등
의 다원권력론과 신통치엘리트론으로 엘리트권력론과 다원권력론의 대
립으로 설명되어 왔다.

② 행정학에서의 논의는 어떠한 문제는 정책의제로 채택되고 어떤 문제는
아예 기각 또는 방치되는가에 대한 관점에서 출발하여 모든 사회문제
가 정책 의제화되지 못하는 현상을 설명하고자 하였다. 따라서 다음의
이론들은 국가와 사회와의 관계를 설명해 주는 이론들로서 권력의 측
면에서 정책의제 설정에 영향을 미치는 세력들을 중심으로 논의된다.

(2) 엘리트론(Elitism)

① 엘리트란 일반적으로 한 사회의 중요한 지배체계에서 최고의 지위를
점유하여 정책결정을 담당하는 사람들로서 대도시의 상류계급, 대부
호들, 기업의 최고 간부, 유명인사, 군 수뇌부, 대통령을 포함한 정치
인 등이 이를 구성한다.

② 미국 사회에서의 핵심엘리트는 기업체와 정부 내의 행정관료 및 군대
의 수뇌부를 차지하고 있는 세 부류의 지도자들로서 정치, 경제, 군사

각각의 고유영역을 넘어서 교류하고 있으며, 유착현상을 점차 증대하고 있다.

③ 선민주의(選民主義) 의식에 뿌리를 둔 엘리트론은 제1차 세계대전 이후 자유민주주의 사회구조가 소수의 정치집단에 의해 점유되는 데 대한 비판이 일자 이에 대응하여 등장했다.

④ 대표적 이론가인 가세트의 주장: 엘리트란 특수한 자격을 지닌 개인들 혹은 개인들의 집단인 반면, 대중은 어떤 특별한 자격을 갖추지 못한 사람들의 총체라고 설명하고 일반적으로 엘리트들을 정치·경제·사회·문화 등 각 영역에서 주도적인 역할을 하는 계층으로 본다.

(3) 다원주의(Pluralism)

① 국가와 사회와의 관계를 설명해 주는 이론으로서 영향력과 권력이 국가에 집중되어 있지 않고, 이익집단 및 압력단체 등과 같은 사회 각 계층에 널리 분산되어 있다는 것이다.

② 다원주의적 시각에서 보면 정책이란 개개인과 집단의 이익대결과 갈등을 정부가 공정하고 중립적인 입장에서 조정한 결과로서의 균형을 의미하는 것이 된다. 그러나 정책의 내용과 방향은 이익집단들 간의 상대적 영향력의 정도에 따라 크게 좌우되며, 이익집단의 영향력은 구성원의 수와 능력, 재원, 조직력, 지도자의 리더십, 정책결정자의 접근 가능성, 내적 결속력 등에 의해 결정된다.

③ 자유경쟁 시장원리에 철학적 기반을 두고 있는 다원주의자들은 다양한 시민의 참여에 의한 영향력의 메커니즘을 전제로 한다. 따라서 이익표출과정에서 이익집단들은 경쟁적으로 설득과 물리적 힘에 이르는 다양한 양태를 보이며, 결과적으로는 타협과 합의로 결정이 이루어진다.

④ 다원주의 사회의 정치적 이익의 분배는 이익집단 간의 치열한 경쟁으로 이루어지며, 사회의 모습은 사회 내에 존재하는 다양한 문화로 설명할 수 있고, 사회기능은 통합과 합의의 과정으로 이해된다.

⑤ R. Dahl을 중심으로 린드블롬, 윌다브스키, 폴스비 등이 대표적 학자 이다.

(4) Bachrach와 Baratz의 신엘리트론과 지역사회 권력구조이론

① Bachrach와 Baratz는 R. Dahl의 다원론을 비판하고 엘리트론을 발전시켜 편견의 동원(Mobilization of bias)을 통해 무의사결정을 유도하는 지배 엘리트들의 존재를 지적함으로써 신엘리트론을 발전시켰다. 즉, 권력행사의 과정과 실체를 파악하기 위해서는 겉으로 나타난 공식적 안건보다는 비공식적인 안건들의 결정과정에 초점을 맞추어 논의될 때 비로소 정확한 권력의 구조를 드러낸다는 것이다.

② 지역의 권력자는 자신들에게 손해가 되는 쟁점들은 처음부터 공식안건이 되지 못하도록 다양한 수단을 동원하여 조작한다. 이러한 상황에서 신엘리트론은 비결정을 통해 은밀하게 행사되는 권력의 이면에 초점을 맞추어서 설명함으로써 지역의 권력을 장악한 엘리트의 존재를 규명할 수 있다고 본다.

---

c heck
p oint

1. Mosca와 Pareto의 고전적 엘리트론
   ① 엘리트 이론의 기본적 개념을 정립하는 데 그 중점을 두고 고전적 엘리트론이 현대의 다원주의적인 사회구조에 기초한 정치과정을 거쳐 다원적 엘리트론으로 발전되었다.
   ② 엘리트론자들은 다원주의처럼 실증주의적 사회과학의 관점을 고수하며, 모스카와 파레토는 그들의 결론이 직접적인 경험적 연구에 기초하고 있다고 주장한다. 또한 현대 마르크스주의자들이 실행하는 느슨한 이론적 분석이나 혹은 자유민주주의의 옹호론자들이 채택하는 법률적, 제도적 형태들과는 아주 다른 세련된 방법론을 따르고 있다고 주장한다.
   ③ 엘리트론자들은 인간심리의 불변의 형상과 조직논리에 기초한 경험적인 법칙인 미헬스의 과두제의 철칙과 같이 모든 정치체계에 적용되는 보편법칙을 추구했다. 모스카와 파레토는 과거로부터 획득된 증거에 기초한 법칙으로는 근본적으로 다른 미래의 사건을 미리 속단할 수 없다고 생각했기 때문에 그들의 방법론은 귀납적이고 논쟁적이었다.

2. 다원주의의 요약
   ① 다원주의의 의의: 상호 경쟁의 결과로서의 정치과정을 상정
   ② 다원주의의 근본 원리: 사회체제의 운영은 시장주의와 사적 이익의 합리적 추구 및 시장원리에 의한 균형

---

③ 다원주의의 특징

　㉠ 국가는 이익대표체계에서 중립적 심판자로서의 역할 수행

　㉡ 이익집단 간의 관계는 자발적이고 경쟁적이며, 이익집단의 지위는 국가와 대등

④ 다원주의의 한계

　㉠ 서구사회를 분석하는 이론으로서 서구 중심적 논의

　㉡ 정부의 역할 경시: 정부 관료들의 이익집단에의 포획 우려

　㉢ 이익집단 간 권력의 차이: 자본의 구조적 힘의 간과, 승자독식의 과잉대표성

　㉣ 이익집단의 강한 영향력으로 국가는 체제 과부하를 겪으며 비효율성 및 정당성의 훼손 초래

　㉤ 극단적인 대립의 발생: 개별적 조직의 배타적 이익추구와 전투적 전략의 채택

(5) 조합주의(Corporatism)

① 개념

㉠ 조합주의적 국가론은 다원적 자본주의 국가론이 집단의 중요성을 강조하고 국가보다는 자신들을 우선시했던 것과는 달리 국가를 중심으로 국가와 집단과의 관계를 강조하는 국가와 사회의 관계를 설명하는 이론이다.

㉡ 다원론에서는 국가의 중요성은 크게 무시되었고, 사회를 움직이는 힘은 조직적이고 개인 영역에서 움직이는 그룹으로부터 나왔다. 그러나 대조적으로 코포라티즘은 국가에서 시작하고, 국가와 집단과의 관계를 강조한다.

㉢ 코포라티즘은 자본주의 경제원칙을 존중하면서 국가의 개입을 인정한다.

② 조합주의의 유형(P. C. Schmitter)

㉠ 사회조합주의: 국가의 활동에 이익집단들이 자발적으로 그리고 적극적으로 참여하고 협조하는 관계의 사회 틀이며, 이익집단들 간에도 상호 비경쟁적으로 자발적 협동에 근거한 이익조정체제를 구축하고 있다.

　㉮ 이익집단 간에는 사적 이익정부를 구성하고 사회적 협의체로 존재하며, 국가는 계급적 타협에 보상자로서의 역할을 한다.

ⓝ 정책결정과정의 투명화, 정책의 효율성과 신뢰성이 제고되지만 갈등의 전이로 인한 뻐꾸기 게임 현상, 엘리트의 지대추구, 비조직 부문의 무임승차와 세계적 신자유주의 사조의 노동시장 유연화 추세 및 노동계급의 분화의 문제점이 있다.

ⓛ 국가조합주의: 후진국 또는 권위주의적 국가, 특히 군사정권에서 주로 나타나는데, 국가가 사회부문에 의도적으로 개입하여 이익집단을 통제하고 국가의 힘에 의해 동원되는 이익대표체계를 말한다.

㉮ 긍정적 기능: 국가의 상대적 자율성이 매우 높으므로 전체적인 공공이익의 추구가 가능하며, 국정의 효율성과 국가능력의 향상을 도모해 준다.

㉯ 부정적 기능: 민주주의의 발전과 대립되며, 경제적, 정책적 비효율성과 이익집단 간 불평등이 심화된다.

▣ 다원주의와 조합주의의 특징 비교

구 분	다원주의	조합주의
이익집단의 구조적 특성	다수의 자발적·경쟁적·비위계적 조직화·자율적 영역	단일의 강제적·비경쟁적·위계적 조직화·기능적으로 분화된 영역
이익집단의 영향력 결정요인	내적인 자원(리더십, 회원 수, 재정, 응집성 등)	내적 자원, 해당 영역에서의 기능적 중요도, 국가의 인가 여부에 의존
국가의 역할	공정한 중재자 내지는 심판자, 이익집단들 간의 경쟁의 장 역할	독립적인 실체로서 자체적 이해 보유, 집단에 대한 차별적 수용과 배제
국가와 이익집단 간의 관계	엄격한 경계, 자율적, 균등한 접근기획	불분명한 경계(준국가기구), 국가의 통제수용과 독점적 이익대표권 부여
정책과정의 역할	압력행사, 성원이익의 대표, 이익집단들 간의 협력	이익의 대표, 합의의 형성, 집행대리 혹은 보조, 성원의 통제

□ 사회조합주의와 국가조합주의의 특징 비교

구 분	사회조합주의	국가조합주의
정치체제	후기 다원주의, 민주적 복지국가	발전도상국, 권위주의국가(특히 군사정권)
출현단계	선진자본주의 국가의 독점적 자본주의 단계	종속적 자본주의 발전 단계
제도화 과정	이익집단이 국가기관에 자발적으로 침투, 점진적, 장기적 과정을 필요로 함	사회부문에 대한 선별적 대우: 국가이익과 상충 시 배제와 억압정책 사용
발생요인	노동계급의 세력증진에 대처하기 위해 국가가 민간부문(경제)에 개입	산업화의 여건을 마련하기 위해 정부가 국내자본 축적과정에 직접 개입: 정경유착
목 적	계급(지배계층과 민중 또는 노사계급)이익 갈등의 조정 및 계급 협력체제의 유지	계급(지배계층과 민중 또는 노사계급)과 이익갈등의 조정 및 계급 협력체제의 유지
헤게모니(지배권) 상황	부르주아가 장악	국가가 소유 - 부르주아가 내적으로 분열 또는 미약(한국 산업화 과정에서 현대, 삼성 등 재계의 영향력 미약)
통제방식	국가와 자본가 계층의 협력체제	국가가 전면 통제 운용하는 권위주의적 통제: 민중에 대한 억압과 배제정책 사용(무의사 결정)
계급 간 관계	노사계급이 상호 의존적 관계	노동자와 자본가가 상호 배타적, 갈등 관계
역할 및 기능	민주적 이익대표체계로서의 기능	민중, 노동부문의 통제체제로서의 기능

(6) 계급이론

① 자본주의 사회는 자본가와 노동자로 나뉘는 양극화된 이분법적인 사회구조를 갖고 있으며, 이 두 계급에서 나타나는 모든 불평등이 노동자에게 전과되고, 두 계급의 관계는 생산수단의 관계를 가진 자와 그렇지 못한 자로 구분하여 분류하여 보는 시각이다.

② 계급과 불평등이 하나의 중요한 역할을 한다면 마르크스는 계급을 생산수단에 따라 자본가와 노동가로 구분하였다. 이는 잉여가치에 대한 소유문제에 대해 서로 다른 시각을 나타내는 것이다.

(7) 종속이론

① 종속이론은 중심부(선진국)와 주변부(후진국)의 관계를 설명하고, 후진국의 저발전의 원인과 결과를 규명하려는 이론이다. 이 이론은 특히 라틴아메리카 국가들이 처한 경제적 상황과 저발전 상태를 분석하기

위한 현실적 욕구에 바탕을 두고 라틴아메리카의 학자들을 중심으로 연구되었다.

② 종속이론이 라틴아메리카의 현실적 상황을 분석하기 위한 것이고, 또 이를 기반으로 정책적 가능성을 설정하고자 하는 면에서 볼 때, 이 이론은 단순히 학문적인 면에만 국한된 것이 아니라 현실적이고 실천적인 이데올로기적인 면이 포함된 이론이라 할 수 있다.

③ 프레비시의 주장: 1차 생산품을 주로 수출하고 선진국으로부터 공산품을 수입하는 남아메리카 국가들의 교역 조건은 장기적으로 악화되는 경향을 지닌다고 한다. 왜냐하면 1차 생산품의 수입, 수요에 대한 선진국의 소득탄력성은 낮은 반면 2차 생산품의 수입, 수요에 대한 개발도상국의 소득탄력성은 높기 때문에 남아메리카의 여러 국가들은 만성적·구조적인 국제수지 적자에 직면하게 되기 때문이다(한국의 경우도 위와 마찬가지로, 미국에 수출되는 승용차 수천 대는 전투기 한 대 수입으로 상쇄된다, 80년대 군사정권과 반미 데모의 배경이론).

④ 바란과 프랑크의 주장: 선진국들은 후진국 내부의 엘리트와 함께 후진국에서의 자본주의 발전을 억압하여 잉여착취를 용이하게 하려고 한다는 것이다. 그러므로 후진국 경제가 정체상태로부터 벗어나기 위한 유일한 방법은 중심부와 정치적, 경제적인 종속관계를 정리해야 한다는 것이다.

⑤ 종속이론은 개발도상국의 경제 현실을 이해하는 데 많은 도움을 준 것은 사실이나, 과연 이것이 실제로 후진국의 경제발전이나 저개발현상을 분석하는 데 유용한 틀인가에 대해서는 상당한 비판이 제기되었다.

(8) 관료적 권위주의

① 개념: 관료적 권위주의 국가는 경제적으로 저발전이나 정체의 상황에서 일어난 것이 아니라 주변자본주의에서 산업화가 괄목할 만큼 진행된 단계에서 일어난다는 것이다. 이것은 관료적 권위주의가 주변 선

진권의 특수한 현상이면서, 높은 근대화 수준과 밀접히 관련된다는 점을 보여 준다.

② 역사적 진화의 단계에 따른 특징(오도넬)
　㉠ 1단계 체제: 지배엘리트의 구성이나 공공 정책의 구성에 있어서 제1차 산업상품수출업자의 지배로 특징되는 과두제 체제이다.
　㉡ 2단계 체제: 민중주의적 융합체제로서 남미에서 수입대체공업화의 결과로 급격히 성장한 대중적인 민중연합세력에 기초했던 체제이다.
　㉢ 3단계 체제: 통합적인 민중주의체제는 산업화가 진전됨에 따라 점차 붕괴되고 국가가 주도하는 체제로 대치되면서 나타나는 국가양태이다. 이것이 관료적 권위주의 체제이다.

Check point

거버넌스적 정책공동체(선한승)

1. 개념
　① 참여정부의 정부혁신지방분권위원회에서 추진하고 있는 개념으로서, 시민사회가 정책 결정과정에 참여하도록 하는 하나의 가상적 조직형태이다.
　② 이해집단 간의 참여 확대로 인한 참여의 제도화, 절차적 합리성 확보, 정책의 실효성 제고, 새로운 정책에 대한 사회적 갈등 해소 및 정책의 안정성과 지속성을 추구하기 위한 것이다.

2. 내용
　① Off-line(정부의 각종 위원회)과 On-line(정책고객관리시스템 - PCRM)으로 구성
　② 전문가와 이해자 간의 정책네트워크를 형성하여 정책이슈 발굴(이슈 네트워킹)
　③ 구성은 개인과 조직으로 크게 나누며, 관료, 이익집단, 대학, 기타 연구소 전문가들로 구성
　④ 공동체적 유대감 형성으로 양보와 합의를 통해 사회적 갈등을 사전에 해소
　⑤ 학술세미나, 토론회, 간담회, 자문회의 등을 통해 공식, 비공식적 접촉을 활성화시켜 현안 문제 해결
　⑥ 권위주의적 의사결정 방식을 배제하고 민주적인 절차적 합의성을 추구(Win - Win)
　⑦ 참여집단 간 세력(영향력)의 균형이 중요
　※ **현실적 문제:** 거버넌스적 정책공동체는 각계각층의 의견수렴은 가능하지만 일반적으로 정책공동체는 이해관계가 직접적으로 연관된 개인이나 집단의 참여를 배제하는 것이 바람직하다고 보며, 정책과 관련된 관료와 전문가 집단으로 구성된다.

3. 정책공동체 유형
　① **일반적 유형:** 합의형, 안건심의형(정부), 사이버토론형(전문가와 네티즌), 정책자문평가위원회형, 옴부즈만(민원고충처리, 여론모니터링), 간담회형(산업노동간담회)
　② **정책주체에 따른 유형:** 중앙정부 간, 중앙부처 내, 중앙정부와 지방정부 간의 정책공동체
　③ **정책결정공동체의 의사결정방식에 따른 유형:** 합의방식, 정보청취방식, 협의방식 등의 정책공동체

4. 정책네트워크의 형태와 특징

정책네트워크의 형태	정책네트워크의 특징			
	구조적 안정성	멤버십의 성격	수직적 상호의존	수평적 상호의존
정책공동체 · 영역공동체	비교적 안정성	고도로 제한된 멤버십	수직적 상호의존	제한된 수평적 노드
전문가 네트워크	높은 안정성	고도로 제한된 멤버십	수직적 상호의존	제한된 수평적 노드 전문가 이익에 봉사
정부 간 네트워크	높은 안정성	제한된 멤버십 광범위한 수평적 노드	제한된 수직적 상호의존	광범위한 수평적 노드
생산자 네트워크		유동적 멤버십	제한된 수직적 상호의존	생산자 이익에 봉사
이슈 네트워크	불안정성이 높음	대규모의 구성원	제한된 수직적 상호의존	광범위한 수평적 노드

각종 정책의제 모형

1. 정책네트워크 모형

미국에서는 1960년대에 등장한 하위정부 모형으로 국가의 정책결정이 이루어져 왔거나 1970년대 후반에 등장한 이슈네트워크이론(Heclo)을 기원으로 하여 정당과 의회를 중심으로 정책과정을 파악하여 왔으나, Rhodes 등을 중심으로 영국에서는 이처럼 정당과 의회를 중심으로 하는 논의의 한계를 발견하고 정책공동체(policy network)를 중심으로 정책네트워크 모형을 발전시켜 왔다. 정책망 모형은 정책과정에 참여하는 공식 · 비공식의 다양한 참여자들 간의 상호 작용을 중시하는 모형으로 처음 미국에서 등장하였고, 사회학이나 문화인류학의 연구에 이용되어 왔던 네트워크 분석을 정책과정의 연구에 적용한 것이다.

2. 정책커튼 모형

철의 듀엣과 마찬가지로 Y. Yishai이 주장한 모형으로서 정책커튼(Policy Curtain) 모형은 정책과정이 엘리트들에 의해서 독점되며, 정부부처 간 또는 정부 내에서만 이루어지는 과정에 적용되며, 정책 외부행위자들의 요구는 커튼에 의해서 차단되는 형태를 말한다.

3. 철의 듀엣 모형

하위정부(Iron Triangles)에 상임위원회가 배제된 형태로서, 참여집단은 전문가로 한정된다. 즉, 철의 듀엣(iron duet)은 정부와 관련 전문가 집단 간의 배타적인 동맹관계인 전문관료정치(Technocratic politics)를 말한다.

4. 이슈공동체모형

(1) **개념**: 정책과정에서 전문성을 소유한 사람들이 유동적으로 참여하며, 참여자들 간에는 낮은 상호 의존성과 진행과정에서 이슈에 따라 새로운 연합이 형성되는 가변적 네트워크 모형이다.

(2) **배경**: 정부실패를 가져오는 하위정부모형은 공익을 저해하고 민주성, 형평성의 문제를 야기한다는 비판을 받는다. 따라서 H. Helco, G. Jordan, K. Schubert 등을 중심으로 이슈공동체(Issue Network)의 개념이 개발되었다.

5. 인식공동체: 국제간의 자원 및 환경문제에 대해 인식을 같이하는 공동체이다.

🗀 공동체의 비교

구분	참여자	상호 의존성	외부 배제성	지속성
철의 삼각	관료, 상임위원, 이익집단	○	○	○
정책커튼	정부관료	상황과 이해관계	○	상황과 이해관계
철의 듀엣	정부부처, 전문가집단	○	○	○
이슈공동체	관료, 관련 집단	×(이해관계)	×(자율성)	×(유동성)
정책공동체	정부부처, 전문가, 시민	○	○	△
인식공동체	관련 전문가	○	×(자율성)	△

02 정책목표

1. 의의

(1) 개념

목표설정이란 행정조직이 추구하고자 하는 바람직한 미래 상태를 정립하는 인간의 창조적·가치 지향적 활동이다.

(2) 특성

① 현대행정의 궁극적인 행정목표는 인간답게 살 권리의 보장과 복지국가 실현에 두고 있다.
② 목표달성 과정에서의 여러 제약요인이 존재하며, 환경변화로 인한 계속적인 수정이 이루어지므로 유동성 또는 다원성, 불확실성을 가지고 있다.
③ 사회 내에 존재하는 다양한 욕구를 통합적으로 반영해야 하므로 무형성·추상성을 띤다.

④ 앞으로 해야 할 지침이므로 미래지향적 · 창조적 · 가치 지향적이다.

⑤ 목표는 상위 및 하위 목표 등으로 이루어진 계층성을 지닌다.

⑥ 현대행정에서 국민의 소득이 높아지면서 인간의 삶의 질에 대한 관심이 증대됨으로써, 행정목표는 사회지표와 관련성이 높아지고 있다.

(3) 정책목표 설정 시 고려사항

① 목표설정 시 합리적인 절차를 거치는 것이 중요한데, 상하 간의 참여를 바탕으로 민주적 의사결정을 통한 목표설정이 바람직하다. 대외적으로는 행정기관의 목표설정 시 시민참여가 필요하며, 거버넌스 시대의 결정 모습이다.

② 비합리적인 의사결정요인

　ᄀ 결정자의 권위주의적 성향으로 하향식 의사결정

　ᄂ 결정자의 목표에 대한 이해의 부족으로 목표설정 방향 실종

　ᄃ 내부 지향적 목표설정

　ᄅ 하급자의 조직목표에 대한 무관심

03 목표의 유형

1. 공식성 유무에 의한 분류(C. Perrow)

(1) 공식적 목표: 조직의 공식적인 목표를 말한다.

(2) 실질적 목표: 조직이 현실적으로 집행 가능한 목표로서 공식적 목표에 대비되는 운영적 목표, 비공식적 목표라고 말할 수 있다.

2. 일반적 기능에 의한 분류(A. Etizioni)

(1) **질서목표**: 조직이 사회질서 유지를 위하여 사회적 일탈자를 격리하거나, 일탈행위를 방지·통제하는 강제성을 지닌 목표이다.
(2) **경제적 목표**: 사회와 조직에 대한 재화와 서비스를 생산·배분하는 것을 주된 내용으로 하며 공리적 조직의 주목표이다.
(3) **문화적 목표**: 문화적 가치를 창조·유지·발전·전수하는 것에 목적을 두는 규범적 조직과 관련된다.

3. 계층성에 의한 분류

(1) **상위목표**: 하위목표에 비해 보다 보편적·추상적·거시적·장기적·무형적 종합적·전략적·규범적·가치적 성향을 띤다.
(2) **하위목표**: 상위목표를 달성하는 목표로서 상위목표에 비해 보다 구체적·미시적·단기적·유형적·전술적·기술적 성격이 강하다.

4. 유형성 유무에 의한 분류

(1) **무형적 목표**: 상위목표, 전략적 목표에 해당되며, 추진상의 수정과 융통성 확보가 가능하여 이해관계나 의견 대립을 용이하게 극복할 수 있다.
(2) **유형적 목표**: 하위목표, 전술적 목표에 해당하며, 효과성의 측정 및 평가가 용이하다.

04 목표의 변동

1. 목표의 전환 및 대치

(1) 개념

목표의 전환 또는 대치란 조직목표를 달성하는 수단(대안) 선택에 집착하여 목표가 왜곡되는 현상을 말한다. 즉, 일시적이지만 수단적 가치를 목표로 착각하여 목표와 수단이 바뀌는 것을 말한다.

(2) 목표전환의 발생요인

① 유형적 목표에의 접근성: 상위목표가 지나치게 추상적이면 실천하기 용이한 하위목표(유형적 목표)에 접근성이 높아지게 됨으로써 상위목표를 무시하거나 의식하지 않게 된다.

② 과두제의 철칙: R. Michels은 소수 지도층의 권력욕구로 인해 조직목표가 이들에 의해 왜곡된다고 한다. 즉, 소수 지도층은 조직의 본래 목표를 추구하기보다 자신의 이익추구를 위해 하급자의 의견을 무시하여 자신에게 이로운 방향으로 목표를 왜곡하는 것을 과두제의 철칙이라 하였다.

③ 동조과잉 현상: R. Merton은 목표에 관련된 구성원들은 목표달성 과정의 규칙과 절차에 너무 집착하여 목표가 오히려 수단시되면서 발생하는데, 목표달성보다는 표준운영절차(SOP) 등에 집착하여 목표와 수단이 바뀌는 현상을 말한다. 규정과 절차에 맞지 않으면 집행에 부담을 느끼고 있는 데서 기인한다.

④ 조직내부문제 집착: 사회적 목표보다는 관료 중심적 내부목표에 치중하는 것도 목표전환 현상으로 볼 수 있다.

⑤ 과잉충성: 기관장이나 영향력 있는 이익집단의 선호에 맞도록 목표를 조정하는 경우

2. 목표의 승계

목표의 승계란 목표가 달성되었거나 달성이 불가능한 경우, 새로운 목표를 설정하는 것을 말하며, 조직의 유지에 유용성을 발휘한다. 우리나라의 경우는 88올림픽위원회가 지금은 국민체육진흥공단으로 그 목표를 바뀌었다. 미국에서는 천연두박멸협회가 천연두가 박멸되었으나 다른 질병예방의 기능을 설정하고 조직은 유지되는 것을 말한다.

3. 목표의 다원화 및 확대

목표의 다원화는 본래의 목표에 새로운 목표를 추가하는 것이며, 목표의 확대는 목표의 범위를 확장하는 것이다. 예로 대학과 종교단체의 원래 목표에 사회봉사 목표가 추가되고 확대되는 것을 들 수 있다. 목표의 다원화 및 확대는 조직의 정당성 확보와 발전을 위해서 필요하다.

4. 목표 간 비중 변동

목표 간의 비중 변동이란 목표 간의 우선순위 또는 비중이 달라지는 것을 말한다.

정책 형성 과정상의 오류

1. **제1종 오류**: 정책의 효과가 없는데, 있다고 수용한 경우
2. **제2종 오류**: 정책의 효과가 있는데, 없다고 기각한 경우
3. **제3종 오류**
   ① 정책문제를 잘못 선택하였거나 잘못 진단을 함으로써 정책목표를 잘못 설정하는 것과 같은 근본적인 문제를 발생시키는 경우를 지칭하는 용어이다.
   ② 집행자가 정책문제를 기본적으로 잘못 인식(인지)했다는 데서 유발한 오류이며, 정보 부족, 집행능력의 부족 등이 원인이다.
   ③ 이미 정책효과가 나타났음에도 불구하고 정책담당자의 편견이나 정보, 지식, 능력 등의 부족으로 문제를 해결하지 않고 방치해 둔 상태를 말한다.
   ④ 정책문제를 잘못 정의하면 잘못된 정책대안을 선택할 가능성이 있는데, 정책문제를 근원적으로 잘못 정의하는 것으로서 메타오류, ·상위오류라고도 한다.
   ⑤ 수단주의적 기획관의 한계를 나타내는 오차유형이며, 주로 문제 해결을 위한 합리적인 대안의 선정과정에서 나타난다.
   ⑥ 주로 혐오시설(쓰레기처리장, 화장장, 원자력폐기물 저장소 등) 건립 시 발생하며, 지역님비 현상 등으로 발생하는 정책담당자에 의한 오류이다.

정책결정

CHAPTER 04

01 정책결정

1. 의의

(1) 개념

정책결정이란 공공부문이 추구하는 목표를 달성하기 위한 미래의 행동지침·행동대안을 결정하는 것을 의미하며, 정책의 3대 요소는 정책목표, 수단 또는 대안, 정책대상이다(정책행위자를 추가할 수 있음, 서상원).

(2) 의사결정과 정책결정

의사결정은 넓은 의미의 집단적 결정을 말하며, 정책결정은 정부조직의 공공정책에 관한 의사결정이라 할 수 있다. 즉, 정책결정은 의사결정의 한 유형으로서 공공부문의 의사결정에 국한한다.

2. 단계

(1) **문제의 인지 및 목표의 설정**: 최초 문제의 상황을 인지·인식하고, 이를 토대로 문제를 해결하도록 목표를 설정한다.

(2) 자료 · 정보의 수집 및 분석: 목표달성을 위한 관련 자료 · 정보를 광범하게 수집하고 분석한다.

(3) 대안의 탐색과 평가: 목표의 달성을 위해 필요한 대안(수단)을 탐색하고 일정한 기준을 토대로 비교 분석 · 평가한다.

(4) 최종대안의 선택: 목표의 효율성 · 효과성 등을 판단하여 합리적인 대안을 선택한다. 즉, 정책대안 선택 시 능률성, 효과성, 적정성, 형평성, 반응성, 실현 가능성 등을 기준으로 삼는 것이 일반적이다.

3. 정책결정참여자

(1) 내부 참여자(공식적 참여자): 행정부를 비롯한 입법부, 사법부 등 공식적인 기구를 통한 정책참여 주체자를 말한다.

(2) 외부 참여자(비공식적 참여자): 정당, 이익집단, 시민 및 시민단체, 언론 등의 비공식적인 집단에 속해 있는 참여자를 말하는데, 즉 행정환경에 속하는 주체들을 말한다.

4. 정책결정에 영향을 미치는 요인

(1) 인적 변수(정책결정자: 정치인 또는 행정관료)

결정자의 가치관 및 태도, 신념, 정책 관련 지식, 기술능력, 이해관계 등이 정책결정에 많은 영향을 줄 수 있다(민주적 또는 권위적 성향에 따라).

(2) 조직 · 구조적 변수

조직의 목표, 법과 규정, 권력배분 관계, 즉 분권성과 집권성 및 계층성, 의사전달체계 등에 따라 정책결정의 방향이나 과정이 많은 영향을 받게 된다.

(3) 환경적 변수

조직은 사회적 규범·문화·관습과 행정수요에 따라 영향을 받고 정책 또한 행정환경에 따라 반응할 수밖에 없다. 특히 현대 행정국가에서는 거의 행정환경에 의해 정책의 방향과 내용이 결정되는 것을 흔히 볼 수 있다. 즉, 민주성, 사회적 형평성을 고려하게 되는데, 복지정책이 그 대표적인 예이다.

5. 정책결정의 유형

(1) 정형적 결정과 비정형적 결정

① 정형적 결정: 문제해결에 대한 정책결정의 선례가 있으며, 반복적·관례적·일상적인 정책결정을 의미한다.

② 비정형적 결정: 정형적 결정과 대비되는 개념으로서 자주 반복되지 않거나 새롭게 직면하는 문제, 문제의 구조가 명확하지 않은 경우의 정책결정을 말하며, 비반복적·비관례적·비일상적·비정형적인 특성을 지닌다.

(2) 전략적 결정과 전술적 결정

① 전략적 결정: 조직의 목표달성을 위한 상위목표의 결정으로서 거시적·추상적·포괄적인 내용을 포함하는 결정을 말한다.

② 전술적 결정: 전략적 결정을 실제 실천으로 실행하기 위한 수단적·기술적 결정을 말하며, 문제해결 방안 등 미시적이고 구체적 내용이 포함되는 결정에 해당된다.

(3) 가치결정과 사실결정

① 가치결정: 가치판단을 전제로 하며, 규범성과 당위성 등에 관한 정책 결정으로서 목표의 방향설정 기준이 되며 정책결정의 정당성을 부여해 준다.
② 사실결정: 사실판단을 전제로 하며 주로 현실적인 문제해결에 관한 결정으로서 경험적이며, 수단선택에 영향을 준다.

(4) 개인적 결정과 집단적 결정

의사결정의 주체가 개인이냐 집단이냐에 따라 분류된다.

6. 합리적 정책결정의 저해요인

(1) 결정자의 인간적 요인

① 가치관 및 행태 등: 결정자의 가치관 및 정책에 대한 인식과 태도의 차이·선입관·자기 경험 위주의 사고방식 등이 정책결정 과정에 지대한 영향을 주는데, 예를 들어 권위적인 행태는 합리적 정책결정의 저해요인이 된다.
② 능력의 결여: 정책내용에 관한 이해 부족과 전문지식의 결여, 정보 부족, 미래의 불확실성 등이 작용하면 정책결정의 합리성을 기대하기 어렵다.

(2) 조직·구조적 요인

① 조직의 경직된 분위기: 조직 전체의 분위기가 참여나 분권화, 권한 위임이 잘 안 되고 경직되면 의사전달 체계의 비활성화로 합리적 정책이 이루어지지 못한다.

② 관료의 병리행태: 민주성보다는 형식주의·무사안일주의 등의 관료의 역기능적 행태는 결정의 합리성과 거리가 멀다.

③ 정책전담기구의 결여: 정책수립·분석, 정책집행의 평가 등을 전문적으로 수행할 정책전담기구가 없으면 합리적 정책결정이 어렵게 된다.

④ 행정선례 등의 답습·존중: 행정선례·표준운영절차(SOP)·조직의 규범 등을 답습·존중하는 조직의 특성이 강하면 쇄신적·창조적 정책결정이 어려워지므로 합리적인 결정을 기대하기 어렵다.

⑤ 계선과 막료의 비협조: 계선과 막료 간의 갈등이 있거나, 막료의 능력·기능 부족 및 기능의 약화는 최고결정자가 합리적 결정을 하는 데 제약을 준다.

(3) 환경적 요인

① 정책목표의 다양성: 정책목표가 복잡하고 다양할 경우 목표에 부합된 정책결정을 내리기가 매우 불리하므로 비합리적이다.

② 투입기능의 취약성: 행정수요가 정책결정 과정에 반영되지 않음으로써 관 주도의 정책결정이 되므로 합리적 정책결정에 제약이 따른다.

③ 매몰비용(Sunk cost) 미고려: 관료가 매몰비용을 고려하지 않음으로써 계획과 실제와의 괴리가 발생할 수 있다.

④ 사회 체제적 요인: 정치·경제·문화발전 수준의 정도가 정책결정에 영향을 미치는데, 이들의 수준이 저급할수록 정책결정의 합리성에 제약이 따른다.

⑤ 자원 및 시간상의 제약: 정책결정과정에서 충분히 검토가 이루어져야 하므로, 자원과 시간 등의 제약은 합리성을 떨어뜨린다.

⑥ 이익집단 및 압력집단의 영향: 정책수혜와 관련된 집단의 이해관계로 대립과 지대 추구 및 포획 등의 발생은 정책의 합리성과는 거리가 멀어진다.

합리적 정책결정의 내용

1. 합리적 정책결정을 이루기 위한 일
   ① 결정과 관련된 거의 모든 요소를 고려하여 과학적으로 분석하는 일
   ② 불확실성을 제거하기 위해 민감도 분석이나 모의실험기법을 도입하는 일
   ③ 관련 집단이나 개인을 찾아내어 이들이 추구하는 가치를 분석하는 일

2. 합리적 정책결정 과정에서의 정책대안의 비교 논점
   ① 소망성은 정책결정자가 속하는 집단의 이익을 극대화하는 것이 아니라 사회 전체의 이익을 추구하는 윤리적 기준이 되어야 한다.
   ② 주민의 만족도는 정책대상인 주민이 정책대안에 대해 얼마나 만족하느냐 하는 정도를 의미하는 것으로 주민 위주의 행정에서는 점차 중요한 기준이 되고 있다.
   ③ 대안의 비교기준은 크게 소망성과 실현 가능성으로 나누어 볼 수 있다.
   ④ 정치적 실현 가능성은 정책대안에 대한 이해 당사자들의 입장과 그들의 동원 가능한 자원에 의해 결정된다.

정책모형(정정길)

1. 의의: '정책모형'이란 정책대안이 가져올 결과를 예측하기 위하여 복잡한 현실을 단순화한 추상적이고 극단적인 대치물을 말한다. 정책모형은 정책대안의 탐색을 돕고 대안의 결과를 예측하게 해 주는 정책 분석적 목적을 위하여 작성한다.

2. 모형의 핵심 구성요소: 모형의 구성요소는 해결해야 할 정책문제를 명확히 하고 문제의 발생원인 및 정책대안이 추진되었을 때 영향을 받는 결과들을 탐색해야 하며, 각 원인 또는 결과변수 및 요소들 간의 상호 관계의 방향 및 강도를 파악하는 방법으로 작성된다.
   ① 문제 상황을 나타내는 변수와 문제 발생의 원인 및 결과를 나타내는 변수가 인과모형에서 핵심적인 요소이다.
   ② 변수들 간의 상호 관계: 상호 영향의 '방향'과 '강도'에 관한 것을 포함한다.
      ㉠ 방 향: 변수 간의 인과관계
      ㉡ 강 도: 변수 간에 영향을 미치는 정도로서 모형의 파라미트로 표현될 수 있으며 흔히 신축성이나 탄력성에 해당한다.

3. 모형의 역할
   ① 정책대안의 창출: 문제를 명확히 규정하고 발생 원인을 제거 또는 탐색하여 정책대안을 탐색·개발하는 데 도움을 준다.
      ㉠ 문제의 발생 원인을 제거, 통제, 조작할 수 있는 경우에는 그런 방향으로 정책수단(대안)을 개발(W. Dunn: 제거·통제가 가능한 '행동 가능한 원인')
      ㉡ 문제의 발생 원인을 제거, 통제, 조작할 수 없는 경우에는 원인은 손대지 않고 문제의 심각성을 완화하는 방향으로 정책수단(대안) 개발(통제·제거가 곤란한 '가능한 원인')
   ② 정책대안의 결과 예측: 대안이 가져올 결과를 예측하는 것이다.

4. 모형의 종류
   ① 확정적 모형: 제약조건을 모두 알고 있는 상태에서 결과를 확정적으로 예측하는 선형계획 등
   ② 확률적 모형: 상황에 따라 결과를 다르게 예측하면서 상황의 발생확률을 밝히는 모형으로 의사결정 분석으로서 다단계하의 축차적 분석 등

5. 모형의 예측능력을 결정하는 변수
   ① 모형 자체의 정확성: 모형의 구성요소에 중요한 변수들이 얼마나 포함되어 있고 변수 간의 관계의 방향과 강도가 얼마나 사실을 정확하게 반영하고 있느냐에 의하여 결정된다. 모형의 간소성과 정확성은 상반되므로 적당한 조화가 필요하다.
   ② 모형 속에 포함된 변수들의 상태에 관한 자료에 대한 정확성 여부이다. 자료가 정확치 않으면 예측 가능성은 부정확해진다. 각종 과학적이고 통계적인 지표가 활용되어야 한다.

02 정책결정의 이론모형

1. 합리모형(Rational Model)

(1) 개념

합리모형은 인간을 합리적 경제인으로 상정하고 정책결정자를 전지전능하다고 보기 때문에 목표달성의 극대화를 위한 모든 대안을 탐색·분석하여, 그 대안 중에 가장 합리적인 최적 대안을 선택할 수 있다고 보는 이상적·규범적 모형이다.

(2) 특징 및 내용

① 목표가 이미 설정되고 목표달성을 위한 대안을 선택·분석하는 모형으로서 사회주의 국가와 발전도상국에 적실성이 높다.
② 정책결정의 산출·결과의 분석에 중점을 두는 모형으로서 처방적·규범적 성격이 강하며 정책결정의 방법 및 정책내용의 개선에 초점이 있다.
③ 문제해결이나 목표달성을 위한 합리적이며 적합한 대안의 선택과 결정과정을 거친다.

④ 대안선택의 기능이 명확하며, 가능한 모든 대안을 총체적·체계적으로 탐색한다는 점에서 거시적 접근방법이지만 분석접근에 있어서는 대안 하나하나를 분석하므로 미시적이다.

⑤ 정치적 합리성보다는 경제적 합리성을 추구한다(계획예산제도의 접근모형).

⑥ 합리모형에 적용되는 기법으로 비용편익분석, 게임이론, 관리과학, 공공선택이론, OR, LP, EDPS, PERT, CPM 등이 해당된다.

(3) 효용

① 합리적 최적 대안이 선택될 가능성 여부에 관계없이 대안의 선택결과에 대한 합리적이고 객관적인 분석 및 평가에 도움을 줄 수 있다.

② 합리성에 초점을 두므로 합리성 저해요인을 밝히기 쉬워 정책분석에 매우 유용하다.

③ 사회주의 사회나 발전도상국에서는 정책결정 체제에 투입이 매우 빈약하여 엘리트층이 국가 및 사회발전을 주도하므로 합리모형의 적실성이 높아 이론적인 측면에서 인정받고 있다.

(4) 비판

① 모든 사회에서 정해진 합의적 가치나 목표가 존재할 수 없는 것처럼, 여건과 상황에 따라 항상 유동적인데, 목표를 고정된 것으로 인식하는 폐쇄적 관점이다. 따라서 사회의 다양한 가치와 이해관계의 대립을 조정하거나 해결하는 이론으로서는 한계가 있다.

② 인간은 완벽한 미래예측 능력이 없으며, 지적 능력에도 한계가 있는데, 인간을 전지전능하다고 보면서 인간 능력의 한계와 여러 가지 제약을 인식하지 않는 것은 매우 비현실적이다.

③ 인간의 주관적 가치판단을 무시하며, 대안의 탐색 및 선택에 모든 역량을 투입하므로 궁극적 가치 추구를 상실할 수 있다.

④ 현실적으로 정책결정자는 사회목표 달성의 극대화 및 최적대안 선택
보다는 개선되거나 요구를 충족시키는 수준에서 종결하기를 원하며,
자기이익 추구도 고려한다.

정책결정 모형의 접근 방법
① 규범적·이상적 접근방법(합리모형): 경제적 합리성을 강조하며, 결정의 규범적 측면이나 당위성을 강조
하고 결정된 대안의 평가에 중점을 둔다.
② 현실적·실증적 접근방법(점증모형과 만족모형): 합리모형과 같이 절대적 합리성을 추구하기보다는 현실
을 고려하여 타당한 대안의 선택에 주력하고, 결정에 대해 인정하는 접근방법이다.
③ 교호적·혼합적 접근방법(혼합모형): 규범적 · 이상적 접근방법과 현실적 · 실증적 접근방법을 혼합·절충
한 것이다.

2. 만족모형(Satisficing Model)

(1) 개념 및 내용

① H. A. Simon과 J. G. March가 합리모형을 이상적인 비현실적 모형이
라고 비판하면서 제기한 사회심리학에 기초한 행태론적 의사결정 모
형으로서 현실적 · 실증적 모형이다.
② 합리모형과 같이 목표에 관련된 대안을 모두 검토하는 것은 불가능하며,
결정자는 시간 · 비용 · 능력 등의 제약으로 그럭저럭 만족할 만한 수준
에서 결정하는 것이 바람직하다고 보는 결정모형이다(제한된 합리성).
③ 따라서 한정된 대안을 순차적으로 탐색하여 결정자의 판단에 만족할
만한 수준의 대안을 발견하면 대안탐색을 중단하고 그 대안을 선택한
다는 것이다.
④ 인간의 심리적 만족화의 수준은 정적 요소와 인식적 제약에 의해 판
단되며, 조직과 집단적 차원의 결정이 아니라 개인적 차원의 정책결
정이다.

(2) 비판

① 만족의 수준은 결정자의 주관에 의하므로 합리성이 매우 제약된다. 따라서 만족화의 기준 설정과 수준의 일치를 이루기가 용이하지 않다.
② 만족화를 가져올 변수가 불명확하고 변수통제에도 어려움이 있다.
③ 현실만족에 안주하여 보수주의에 빠지기 쉽고, 쇄신적이고 창조적 대안의 탐색을 기대하기 어렵다.
④ 개인적 의사결정의 상황을 설명하기는 적절하나, 집단적 의사결정에 적용하는 데는 설득력이 부족하다.

3. 점증모형(Incremental Model)

(1) 개념 및 내용

점증모형은 Lindblom와 Wildavsky가 정리한 모형으로서 정책결정에 있어서 인간의 지적 능력의 한계와 수단선택의 기술적 제약을 인정하고, 기존의 정책이나 결정을 점진적 또는 부분적 수정을 통해 현재보다 좀 더 나은 상태에서의 결정을 추구한다. 합리모형은 사회주의에 적합한 모형이지만 점증모형은 서구 다원주의 사회에 적실성이 매우 높다.

(2) 점증주의의 발전과정

점증모형은 현실성을 더욱 강조하여 만족모형을 좀 더 발전시킨 모형이라 할 수 있는데, 단순점증주의로부터 출발하여 이후 분절적 점증주의, 최근에는 전략적 분석점증주의로 발전되었다.

① 단순점증주의: 합리모형을 부정하면서 발달된 것으로 합리모형이 목표와 수단, 가치와 사실을 엄격히 분리하여 가치보다는 사실을 중시한다. 또한 논리적·분석적인 접근을 통해 목표 및 가치의 극대화를 추

구한다. 그러나 단순점증주의는 목표와 수단, 가치와 사실을 통합하고 분석보다는 이해 당사자 간의 합의와 조정을 통한 부분적인 개선을 지속, 추구한다.

② 분절적 점증주의: 조정자가 없는 상태에서 독립적인 행위를 할 수 있는 의사결정자들이 그들의 행태를 어떻게 조정해 나가는가를 설명하는 이론이다. 따라서 다원주의 사회에 더욱 적합한 모형이며, 이상적인 장기적 미래를 구축한다기보다는 갈등문제의 완화 또는 불완전 상태로의 해결, 즉각 해결보다는 다른 문제로의 승계 및 대체로 이어지는 특징이 있다.

③ 전략적 분석점증주의: 모든 문제나 대안을 동시에 검토하는 것이 아니라 복잡한 문제를 단순화시켜 해결하기 위해 전략적으로 패키지화하여 분석하고, 그 패키지를 순차적으로 분석하여 전체를 분석하고 해결하는 방식을 취한다. 이렇게 부분에서 전체로 접근하는 방법론은 합리모형의 입장을 고수하려는 속성이기도 하다.

(3) 특징 및 내용

① 정책결정자가 합리모형과 같이 모든 대안의 분석과 최적 대안의 선택이 아닌 과정을 통해 부분적 최적화가 전체적 최적화를 가져온다고 본다(목표 수단을 분석하지 않음).

② 제한적 분석, 부분적 상호 조정, 계속적 분석으로 이해를 조정해 나가는 모형으로서 이익집단이나 관련자들의 의견수렴과 참여가 제도화된 다원주의 사회에서 많이 나타난다.

③ 따라서 참여집단의 합의 중시, 계속적 결정, 목표와 수단의 상호 조절, 기존정책의 가감, 계속적(연속적) 결정, 목표와 수단의 조화를 추구한다.

④ 정책결정자가 분석력 및 시간이 부족하고 정보도 제약되어 있기 때문에 현재의 정책에서 소폭적인 변화만을 대안으로 고려하여 정책을 결

정하는 것을 의미한다.

⑤ 의사결정은 마치 사람이 진흙 속을 비비적거리면서 간신히 헤쳐 나가는 것과 같다고 하여 'muddling through model'이라고 불리기도 한다.

⑥ 점증주의는 조금씩 상황에 따라 적응하면서 결정하는 것이므로 현실적인 측면에서의 합리적 결정이론이기도 하다.

⑦ 다양한 이해관계가 서로 복잡하게 얽혀 있는 사회에서 상호 이해관계의 조정은 점진적으로 이루어질 수밖에 없기 때문에 '분할적 점증주의(disjointed incrementalism)'라고 불리기도 한다.

⑧ 우리나라의 예산결정 방식은 여야가 갈등과 타협, 조정하는 정치적 과정 속에서 이루어지므로 점증주의적 예산결정방식이라 한다. 또한 점증주의식 예산편성으로 주로 예산이 증가하는 현상을 보이고 있다.

⑨ 매몰비용의 발생은 정부실패를 가져오는데, 이러한 문제를 해결하는 데 유용성이 있다.

⑩ 공익이론의 실체설과 과정설로 볼 때, 사익의 합으로서 다양한 이익이 갈등과 조정, 타협의 정치적 과정을 통해 하나의 공익으로 귀결되는 과정설은 점증주의적 접근 방법에 해당된다.

(4) 한계

① 참여와 다양한 이익의 표출이 가능한 체제를 전제로 하나 권위적 체제에서는 적용하기 어려운 모형이다.

② 이론적으로 보수성이 강하므로 개혁적이고 발전을 중시하는 발전도상국의 상황을 설명하지 못하고 있다.

③ 중요한 결과나 대안을 간과할 수 있으며, 현상유지적, 비쇄신적 이론으로 보수주의에 빠지기 쉽다는 비판을 받고 있다.

④ 바람직한 기본정책의 수립을 전제로 하며, 선례를 답습하므로 기존의 정책이 잘못된 경우는 수정이 어렵다.

⑤ 정책결정의 평가 기준이 없고 계획성이 미흡하며, 단기적·임기응변

적 정책에 치중하게 된다.

⑥ 사회적 형평성을 달성하기 어려운 면이 있다. 즉, 기득권의 보호에 치중되기 쉬우며 사회의 양극화 현상을 초래한다. 즉, 보수적이고 반혁신적, 기득권 세력이 현재 상태를 비호할 가능성이 높다.

⑦ 현실 존중, 다양한 이해관계 집단, 한정적 대안을 전제로 하며 환경변화가 심하면 점증주의 방식은 유용성이 매우 낮다.

4. 혼합모형(Mixed scanning Model)

(1) 개념

① A. Etzioni는 규범적・이상적인 합리모형과 현실적・실증적 접근 방법인 점증모형을 절충한 모형으로서 현실적이면서도 합리적인 결정을 할 수 있다고 주장하면서 제시하였다.

② 에치오니의 혼합모형은 제3의 모형, 즉 혼합관조모형 또는 혼합주사모형이라고도 부른다.

(2) 특징 및 내용

① 이 모형은 상황에 따라 융통성 있게 활용되어야 함을 주장하는데, 위기 상황에서는 포괄적인 관찰을 통해 대안탐색과 기본적 결정을 내리고 안정된 상황이 되면 점증적 결정의 전략을 취한다.

② 정책결정자가 유능하여 대안의 탐색과 분석이 가능하다면 합리모형으로 접근하고 무능하거나 상황이 여의치 않을 경우에는 점증모형으로 접근해야 한다. 즉, 현실사회의 문제는 경우에 따라 합리모형과 점증모형에 입각한 방법이 필요하다고 본다.

③ 기본결정이 바람직한 경우에는 점증모형 위주로 접근해야 하나, 바람직하지 못한 경우에는 합리모형 위주로 접근해야 한다고 보며, 여건

의 변화에 따라 신축성 있는 전환으로 두 모형이 상호 보완되어야 한다고 주장한다.

④ 합리모형의 지나치게 이상적인 합리성을 현실화시키고 세부적 점증모형이 갖는 보수성을 극복함으로써 단기적 변화에 대처하면서 동시에 장기적인 안목을 지닐 수 있다(거시적 판단분석과 미시적 판단분석의 조화 추구).

(3) 한계 및 평가

① 합리모형과 점증모형의 결합 형태로서 참신한 모형을 제시하지 못했다.
② 상황에 따른 두 가지 다른 접근방법을 주장하고 있는데, 적용하는 상황의 두 기준이 불명확하다.
③ 현실적으로 정책결정은 상황에 따라서 혼합모형이 주장하는 단계와 접근방법에 의하여 이루어질 수만은 없다.
④ 합리모형과 점증모형을 절충하면서도 양자의 한계를 극복하지 못했다.

5. 최적모형(Optimal Model)

(1) 개념

① Y. Dror는 합리모형의 경제적 합리성에 인간의 직관, 통찰력, 창의력과 같은 초합리적 능력을 적용하여 결정할 수 있다는 가정하에 최적모형을 주창하였다.
② 이 모형은 체제론적 관점에서 전체적인 정책결정체제의 합리적 운영·개선에 의하여 최적을 추구하는 규범적 최적모형이다.

(2) 특징 및 내용

① 대안의 탐색과 선택에 있어서 경제적 합리성을 중시하는 합리모형을 적용할 것을 강조하므로 계량적 모형의 성격과 현실적 제약을 고려하는 초합리성의 특성을 함께 갖고 있다.

② 또 다른 한계를 극복하기 위해 계속적인 검토와 개선을 추구하는 점증모형의 사용도 주장한다.

③ 정책평가와 환류를 통해 정책결정구조의 계속적인 검토와 개선을 강조함으로써 정책결정 능력을 최적수준까지 높일 수 있다고 보고 있다.

④ 정책의 결정방법을 중요시하는 초정책결정(근본 정책)을 인식하는 모형이다.

⑤ 정책결정 능력의 계속적인 고양을 꾀하며, 양적 분석과 질적 분석도 동시 고려, 시간과 자원들의 제약을 고려하면서 최선의 합리성을 추구한다.

(3) 한계 및 평가

① 근본적으로 경제적 합리성을 지향하고 있으므로 정책에 포함된 가치에 소홀할 수도 있다.

② 초합리적 요소를 결정에 활용한다고 주장하지만 그 요소의 성격·본질이 추상적이므로 합리성과는 다소 거리가 있을 수도 있다.

③ 합리성을 더 많이 추구함으로써 정책에 엘리트집단의 영향으로 비민주적 정책결정이 초래될 수도 있다. 즉, 관료나 정책결정자들은 자원의 한계를 극복해야 하는 경제성에 관심을 가지고 있기 때문이다.

④ 최적을 추구하고 있는데, 그 최적의 수준과 개념이 불명확하다. 따라서 인간의 직감이나 최적을 추구한다는 개념이 모호하여 비현실적인 모형으로서 이상적인 합리모형 범주에 그치고 있다.

6. 쓰레기통 모형(Garbage can Model)

(1) 개념 및 특성

① 쓰레기통 모형은 복잡하고 혼란한 상태 또는 비계층적인 조직사회에서 현실적인 결정행태에 초점을 둔 이론모형으로서 정확한 목표와 수단이 결정되기 어려운 상황하에 존재하는 모형이다. J. G. March, M. Cohen, J. Olsen 등이 제시하였다.

② 의사결정의 네 가지 요소의 흐름이 우연히 동시에 한곳에 모이게 될 때 결정이 이루어진다고 보는 모형으로서, 즉 조직화된 혼란상태(무정부상태)에서 문제, 해결책, 선택기회, 참여자의 네 요소가 독자적으로 흘러 다니다가 우연히 합치가 될 때 정책결정이 이루어진다고 본다.

③ 비계층적 조직 상황에서의 현실적인 결정행태에 관한 설명으로서는 의미가 있지만 가장 비합리적인 모형이다.

④ 쓰레기통 모형의 예: 대학과 친목단체, 다당제하의 의회결정, 여러 정부부처가 관련된 사안에 대한 정책결정의 경우

(2) 기본전제

① 문제성 선호(불확정의 선호): 의사결정자로서 참여한 개인이 자신이 바라는 바를 정확히 모르기 때문에 여러 제안에 휩쓸리는 가운데 시행착오를 통해 자신의 선호를 파악해 가게 된다.

② 불분명한 기술: 의사결정에 적용할 합리적인 기술과 지식을 알지 못하고 행동을 먼저 하면서 더욱 혼란스러워지고 후에 비교적 합리적인 기술을 터득해 가게 된다.

③ 일시적 참여자: 참여자들은 시간의 제약 등으로 인하여 유동적이다.

(3) 의사결정의 네 가지 요소

① 의사결정의 기회의 흐름: 문제, 해결책, 참여자의 요소들이 만나 의사결
   정회의를 갖게 되는 상태를 말한다.
② 해결을 요하는 문제의 흐름
③ 문제의 해결책
④ 의사결정의 참여자

7. 연합모형(Coalition Model)

(1) 개념 및 의의

① Cyert와 March가 합리모형의 비현실성을 전제로 만족모형도 조직차원
   에 적용하기에 한계가 있다고 보고, 개인적 의사결정에 치중한 만족
   모형을 발전시켜 조직차원의 의사결정에 적용시킨 모형으로서 회사모
   형이라고도 한다.
② 정책상황의 불확실성, 불명확한 목표, 정보 부족과 부정확성, 인간의
   인지능력의 한계, 인식의 차이 등을 전제로 한 모형이다.
③ 조직 단위 간 목표추구 과정에서 서로 갈등관계가 발생하게 되는데,
   이러한 상황에서의 결정을 설명하는 모형이다.
④ 회사의 형태를 경제학적인 시장 중심적 설명에서 벗어나 회사라는 조
   직구조와 목표의 변화, 기대의 형성 및 선택이라는 관점에서 설명하
   므로 연합모형적 특성을 지닌다.

(2) 내용 및 특징

① 독립된 하위조직의 제약조건으로서의 목표: 회사조직은 작은 단위부서의
   연합체로서 보고, 전체 목표에 반하지 않는 단위조직의 목표를 달성

하기 위해 상호 대립 또는 연합의 의사결정을 말한다. 따라서 상호 제약된 독립성·국지적 합리성을 인정한다.

② 국지적 합리성: 단위조직 간 대립 및 연합하여 갈등을 해결해 나가는 과정에서 단위조직들은 각자의 갈등을 최소한으로 축소시켜 전체와 연결시키지 않으려는 노력을 하는데, 이것을 국지적 합리성의 추구라 한다.

③ 불확실성의 회피

㉠ 환경을 유동적으로 보기 때문에 환경의 불확실성을 제거하기 위해 거래관행 및 절차 등을 마련하거나 장기계약을 맺는 등 환경을 통제할 수 있는 방법을 찾는다.

㉡ 불확실성의 극복이 아니며 장기적 전략보다는 단기적 전략으로 즉각적인 피드백이 이루어지도록 하고 급박한 문제부터 해결하려고 한다.

㉢ 문제 상황의 복잡성과 동태성 때문에 조직이 직면하는 불확실성은 대안이 가져올 결과에 대한 예측을 극히 어렵게 하므로 환경과의 타협과 단기적 환류에 의존하는 의사결정절차를 활용하여 불확실성을 극복하려 한다.

④ 문제 중심적 탐색: 문제성 있는 대안탐색을 말하는데, 늘 조직의 문제를 탐색하는 것이 아니라 문제가 발생한 경우 적합한 문제 해결방법을 찾기 위해 탐색(동기 지향적 탐색)을 시작하는 시행착오적 의사결정이다. 완벽한 탐색을 추구하지 않고 만족할 만한 수준에서 이루어진다.

⑤ 갈등의 불완전한 해결 상태: 단위 조직 간의 갈등은 일단 협상 등을 통해 불완전하게 해결되는 상태로 지속되며, 절대적 합리성이 아닌 제한적(국지적) 합리성을 추구하게 된다. 즉, 회사의 하위 조직들 간에 발생하는 갈등과 모순되는 목표들을 하나의 차원이나 기준으로 통합하는 방법이 없기 때문에 갈등은 완전한 해결이 아니라 불완전한 해결로 본다.

⑥ 조직학습과 SOP의 발견 및 적용: 조직 내에 경험적으로 터득된 관습과 같은 행동규칙과 SOP(표준운영절차)를 발견하고 의사결정은 이를 통해 이루어진다.

(3) 한계 및 비판

① 이 모형을 공공 행정조직에의 적용에는 무리가 따른다.

② SOP에 의한 결정방식은 자칫 경직되기 쉬우며, 환경을 고려한 합리적 의사결정을 하기에는 부적합하다.

③ 민주적이고 권한 위임 및 자율성이 강한 조직을 전제하고 있으므로 참여가 활발하지 못한 경직된 권위주의적, 개발도상국 적용에 한계가 있다.

④ 불완전한 해결로 전제하지만 여러 가지 해결방법, 특히 공리적 방법 등으로 완전한 해결도 가능할 수도 있다.

C heck

P oint

표준운영절차의 유형(안해균)

1. **일반적 표준운영절차**: 장기적 행동지침 및 규제 중심
   ① 불확실성의 회피
   ② 절차의 변화 억제
   ③ 단순규칙 사용 지향과 개인 판단에 의존

2. **구체적 표준운영절차**: 단기적 행동규칙 중심으로서 단기적 고정성의 특징을 가지고 있으며, 조직의 안정성 실현 및 활동방향 제시 역할을 한다.
   ① 직무수행규칙
   ② 지속적인 기록 및 보고에 관한 규칙
   ③ 정보처리 규칙
   ④ 자원배분계획(예산안 등)

---

8. 엘리슨 모형(Allison Model)

(1) 개념

집단적 의사결정을 성질별로 분류하여 국가적 정책결정에 적용한 경우로서 엘리슨은 미국의 쿠바미사일 위기사건 등 긴박한 외교정책의 결정과정에서의 모형을 정리하였는데, 조직의 응집력을 근거로 미국 백악관의 정책

결정방식을 다음 세 가지로 유형화하였다.

① 모형Ⅰ(합리모형): 조직 전체의 입장에서 조정이 잘되고 잘 짜인 조직의 정책결정방식이 이루어진다.

② 모형Ⅱ(조직모형): 반독립적인 하위조직들이 느슨하게 연결된 상태에서의 정책결정행태를 표현하고 있다.

③ 모형Ⅲ(관료정치모형): 체제 내에서 서로 독립적인 특성을 가지고 있으며, 정치적 참여자들의 집합체를 말한다. 즉, 재량권이 많은 관료(고위층)들의 흥정·타협·연합·대결 등 관료들의 개인적 정치활동에 의한 정책결정모형이다.

구 분	합리모형(모형Ⅰ)	조직모형(모형Ⅱ)	관료정치모형(모형Ⅲ)
조직에의 관점	조정과 통제가 잘된 유기체적 관점	하위조직들의 느슨한 연합체	독립적이고 개인적 참여자들의 집합체
권력의 위치	조직의 최고지도자에 집중	반독립적인 하위 조직들에 적당히 분할	독립된 자유재량을 가진 개인적 정책 참여자들이 보유
정책행위자의 목표	조직 전체의 목표	조직 전체의 목표와 하위조직들의 목표	조직 전체의 목표와 하위조직의 목표 및 개별 참여자들의 목표
목표의 공유도	매우 강함	약함	매우 약함
정책결정의 행태	최고지도자가 직접 확인감독 및 통제	SOP에 준수, 충실	정치적 과정에 의해 움직임.
정책결정의 일관성	매우 높음(변동이 거의 없음)	약한 편(자주 변동)	매우 낮음

9. 공공선택 이론모형

(1) 의의

① 공공선택이론(사회적 선택이론, 집단적 선택이론)은 소수에 의한 권위적 정책결정을 거부하고 이해 당사자가 모인, 다수에 의한 비시장적, 민주적 합의를 통해 정책을 선택하는 경제적 합리성의 모형이다.

② Buchanan과 Tullock의 「동의의 계산」이라는 저서에서 제기되었고, Ostrom 부부가 행정학에 도입시키면서 체계화된다.

(2) 방법론적 특징 및 주요내용: 제1장 공공선택론의 내용 참조

☐ 정책결정모형의 특징 종합비교

1. 산출모형

구분		내용
개인 모형	합리 모형	1. 특징: 고도의 합리성 - 이상적, 규범적 모형, 경제적 합리성, 관리과학과 체제모형을 포함, 비용편익 분석, 목표수단 분석(목표와 수단의 분리), 목표와 가치의 고정성(공익의 실체설), 수리적/연역적/미시경제학 활용, 사회후생(효용)함수/사회무차별곡선 도출 가능, 동시적/분석적/계획적/단발적 의사결정, 사회주의/개도국 모형, 거시적/총체적 관점, 미시적 분석기준과 방법, 객관적 평가로 정책분석에 유용, 양적 판단 개념, PPBS, ZBB. 2. 한계: 비현실적 모형, 미래 예측의 불완전성, 질적 판단 기준 소외, 목표의 조정 불가능, 다양한 이해관계 미고려, 폐쇄적 분석과정(비정치적 과정), 분석상의 비경제성, 매몰비용과 기득권 세력의 중요성 무시
	만족 모형	1. 특징: March와 Simon, 제한된 합리성, 실증적·귀납적, 개인적·심리적 요소 고려, 조직차원모형(연합모형)에 영향 2. 한계: 만족기준의 인위적 주관성, 개인적 수준에 치중, 보수성 모형, 쇄신성 결여
	점증 모형	1. 특징: Lindblom과 Wildavsky, Banfield, 선진국·다원주의 모형, 정치적 합리성 추구, 제한적·지속적 비교·지분법(가지 치기식 결정), 현실성의 강조, 이해관계의 조정과 타협(정치적 과정, 공익의 과정설), 우리나라의 예산결정 방식, Lindblom의 점증주의 유형(단순적, 분절적, 전략적 점증주의 - Higgins의 전략적 의사결정모형), 타협적·현실적·부분적·제한적·점진적·소폭적 변화 추구·불완전한 개선 및 해결, 목표와 수단의 연계성, 질적 개념, 원자론적 관점 2. 한계: 정치적 과정이 가능하고 다원적 사회의 전제가 필요, 쇄신성의 결여, 임시방편적, 비계획성, 강자 위주의 결정방식, 사업 및 조직 확장 우려
	혼합 주사 모형	1. 특징: Etzioni, 합리모형과 점증모형의 절충, 상황지향적(기본+부분 결정의 신축성), 능동적·자기 유도적 사회에 적합 2. 한계: 이론의 독창성 결여, 기본(초기상황) → 부분결정(안정상황) 과정에 대한 신축성, 적용의 비현실성
	최적 모형	1. 특징: Dror, 점증모형의 비판, 정치성과 경제적 합리성의 조화 추구, 결정자의 주관·직관·판단·영감 등의 초합리적 요인 강조, 양적·질적 개념, 초합리성 증진 방안(브레인스토밍·라이팅, 사례연구, 감수성 훈련 등), 정보교류와 환류 2. 한계: 정치적 요인과 과정 경시, 경제적 합리성에 치중(합리모형에 근접), 최적 상태의 기준이 모호
집단 모형	쓰레 기통 모형	Cohen, March와 Olsen, 참여자의 불분명한 선호, 적용 지식과 기술의 불명확성, 혼돈과 무질서(무정부상태), 참여자의 유동성, 비계층적 조직에서의 의사결정(대학과 사적 모임 등), 기회성 결정 양상(날치기와 진 빼기), 흐름모형(Kingdon, 문제·정책·정치적 흐름의 결합)과 유사
	엘리슨 모형	1960년대 구소련(쿠바)의 워싱턴 미사일 위협 상황(해상 봉쇄), 집단의 특성에 좌우, 3가지 모형 제시(① 합리모형 - 응집적·유기체적 조직, ② 조직모형 - 하부조직의 연결조직, 관료정치모형 - 독립적 개인의 집합체)
	회사 (연합) 모형	1. 특징: Cyert와 March, 조직 차원의 의사결정모형, 회사를 다양한 개인의 집합체로 인식, 개인 간 갈등의 불완전한 해결(협상 중시)과 제한적 합리성, 미래의 불확실성에 대한 회피전략(단기적 대처와 환경과의 타협), 사전대처 방식이 아닌 문제발생 후 대안탐색 시도(문제 중심적 탐색), 시행착오 반복과 인정, 조직학습(경험, SOP 수립)에 의한 의사결정 2. 한계: 회사조직과 공공조직의 구조적 차이 발생, 보수적 이론, 협상 및 타협 중시 문화가 전제되어야 함(민주·분권적 모형).

구 분		내용
집단 모형	공공 선택 모형	경제학의 도입, 방법론적 개체주의, 사익추구 등 기타 공공선택론
	사이 버네 틱스 모형	1. 특징: 인공지능모형, 상황적응적 의사결정(합리모형과 대립), 불확실성 미고려(시행착오 인정, 도구적 학습), 순차적 분석(SOP 활용), 제한된 합리성, 귀납적(휴리스틱) 2. 한계: 인공지능의 한계성, SOP의 상황에 따른 지속적 변화추구는 불가능

2. 과정모형

구 분	내용
엘리트모형	소수 엘리트계층(사회지배계층)에 의해 공공정책이 결정(대중 참여 불가)
다원주의모형	사회집단의 이익표출 첨예화, 국가는 집단 간 경쟁과 갈등의 조정 역할
제도모형	정부제도의 틀 속에서 정책의 권위적 결정과 집행현상의 설명모형
체제모형	체제론의 4순환에서 gate-keeper의 영향력 설명
게임모형	경쟁관계에서 확률분석에 따른 최적의 행동대안 추구 모형

Check point

1. **정책결정 과정을 이해하는 두 가지 시각**
   (1) **사이버네틱 패러다임**: 정책결정 상황이 불확실하다는 것을 전제로 하는 집단차원의 의사결정 모형이며, 불확실성의 통제라는 가정에 기초를 둔다.
   (2) **분석적 패러다임**: 합리모형으로서 사이버네틱스 모형과 대립되는 모형이다.

2. **Simon의 의사결정이론**
   (1) 의사결정 과정은 제약된 합리성의 원리에 입각한다.
   (2) 의사결정 과정은 일정한 목표(욕구수준)에 달하는 대안의 발견을 향하여 행해지는 과정이다.
   (3) 대안의 고찰과 평가는 일정한 목표에 달하는 만족할 대안이 발견될 때까지 순차적으로 행해진다.

정책집행

01 정책집행의 의의

1. 개념

정책집행이란 정부조직이 법적 공권력과 권위를 바탕으로 정책을 실천하는 과정 또는 사업계획의 실천을 지향하는 활동을 의미한다.

2. 정책집행의 특징

① 각종 공공재와 용역을 산출하여 행정환경에 정책결과 또는 정책영향을 발생시킨다.
② 정책결정 과정과 집행은 분리되지 않는데, 집행 과정에서도 수정으로 새로운 결정이 이루어질 수 있으며, 정책평가 과정과 상호 작용하는 복합적 성격을 지닌다.
③ 행정환경에 대한 민감도가 매우 높은 현실성이 강한 특성을 가진다.

02 Nakamura와 Smallwood의 정책집행 유형

1. 고전적 기술자형

정책집행자는 정책결정자로부터 목표의 달성을 위한 수단적 · 기술적 사항에 대해서만 위임을 받았고, 결정에 참여가 배제되어 정책목표의 설정은 정책결정자가 전적으로 관리하고 집행자의 권한은 매우 제한적이다.

2. 지시적 위임형

정책결정자가 정책집행자에게 고전적 기술자형보다는 많은 권한을 위임한 집행유형으로서, 정책결정자는 정책집행자에게 광범위한 행정적 집행권한을 부여하며, 정책집행자는 목표에 합의하고 목표달성에 필요한 기술적 · 행정적 · 협상적 능력을 보유한다(결정권한은 부여받지 않음).

3. 협상형

정책결정자와 정책집행자가 목표설정과 목표달성 수단에 대해 협상과 타협을 하며, 최종 결정은 결정자가 한다.

4. 재량적 실험형

정책결정자가 지닌 정보 · 지식의 부족으로 구체적인 목표를 제시하지 못하고, 많은 재량권을 정책집행자가 갖는 유형이다. 예를 들어 일반 여론이나 언론에서 주택문제, 교육문제 등에 대해서 정부가 무엇을 해야 한다는 압력을 받고 있지만 정책결정자들이 어떻게 해야 할지를 모르는 경우 대립, 갈등하고 있는 정책결정자들 간에 구체적인 정책목표 및 수단에 대해서 합의를 보지 못하고 있는 경우의 결정자의 유형이다.

5. 관료적 기업가형

목표설정과 수단을 확보하는 데 있어서 정책집행자가 주로 권한을 행사하는 유형으로서 집행자가 설정한 목표를 결정자가 확인하고 집행의 권한도 거의 모두를 소유한다. 정치와 행정의 관계에서는 정치행정일원론적 입장, 행정부 우위의 국가에서의 관료의 영향력을 설명할 수 있다.

C heck

P oint

1. 정책집행의 접근방법(Elmore)과 Nakamura & Smallwood의 모형 관계
   ① 고전적 정책집행 모형: 전방향적, 하향적, 일방통행, 집권형 – 고전적 기술자형, 지시적 위임형
   ② 현대적 정책집행 모형: 후방향적, 상향적, 쌍방향통행, 분권형 – 재량적 실험가형, 관료적 기업가형

2. 평가기준 – 집행자모형
   ① 목표달성(능률성과 효과성) – 고전적 기술자형, 지시적 위임가형
   ② 주민만족도 – 협상자형
   ③ 수익자 대응성 – 재량적 실험가형
   ④ 체제유지도 – 관료적 기업가형

3. Elmore의 정책집행모형
   (1) 체제관리모형: 효율적 관리통제체제 강조
   (2) 관료적 과정모형: 조직의 일반요인(재량과 루틴)과 신정책과의 통합 강조
   (3) 조직발전 모형: 참여와 위임, 상하합의의 극대화 구조의 필요성 주장
   (4) 갈등협상 모형: 갈등을 전제로 협상 과정의 필요성 역설

---

03 정책집행의 제약요인

1. 정책목표의 불명확성과 정보 및 지식의 불완전성

정책목표 및 내용이 불명확하거나 집행을 위한 지식·방법·수단 등이 불명확하면 집행이 원활하게 이루어지지 못하게 된다.

2. 집행자의 능력 부족

집행책임자의 리더십, 정치적 수완(자원 확보 능력 등), 기술적 관리 능력 등의 결여는 정책집행의 효율성을 낮춘다.

3. 의사 전달 체계의 비효율성

조직 내의 의사 전달 체계가 원활하지 못한 경우에는 정책집행 과정에서 지체나 왜곡 등이 발생하게 된다.

4. 정책집행자의 소극적 자세

정책집행자의 정책집행에 대한 소극적인 자세는 효율적인 정책집행을 기대하기 어렵다.

5. 자원의 한계

아무리 이상적인 정책이 세워졌다 하더라도 물적 자원(인원 및 예산 등), 집행권한 등이 전제되지 않으면, 정책집행의 효율성이 확보되기 어렵다. 기획과 예산의 일치라는 주장이 제기되는 요인이 된다.

6. 대내외적 관계

대외적으로 타 기관의 협조나 동의가 필요한 경우에는 정책집행이 지연 또는 불가능해지거나 지체될 수도 있다. 대내적으로는 지휘·명령체계가 필요하다.

7. 표준운영절차(SOP)

표준운영절차에 대한 강한 준수는 집행과정에서 새로운 요구 등으로 인한 수정이나 환경변화에 따른 신축성을 저하시켜 원활한 집행을 어렵게 한다.

04 정책집행상의 순응과 불응

1. 의의

정책집행상의 순응이란 정책에 대한 이해관계의 일치, 강제 등으로 정책에 협조하고 따르는 행위를 말한다. 반면에 불응이란 집행에 반대하거나 적극적으로 따르지 않는 행동으로서 순응과 불응은 정책집행의 효율성에 영향을 주는 주요한 요인이 된다.

2. 순응 및 불응 요인

(1) 순응요인 또는 유도방법

① 결정권자의 권위 또는 정책결정기관의 정통성에 대한 의존과 믿음(정당성을 근거)
② 순응해야 할 이유에 대한 합리적·의식적 설득
③ 정책결과와 참여자의 이해관계와 일치
④ 강제나 제재의 수반
⑤ 점진적 정책집행과 집행기간의 장기화
⑥ 정책내용의 명료성과 일관성 여부
⑦ 집행자에 대한 신뢰성 등

c heck
p oint

🔲 정책순응요인(박용치)

연구자	순응요인	
정정길(1999)	정책의 소망성 정책의 명확성 정책의 일관성 정책집행자의 태도와 신뢰성	정책결정·집행기관의 정통성 대상 집단의 능력 순응의욕 부족
박용치(1998)	정책내용의 정확성 자원의 제공 대상 집단의 설득	적절한 유인과 제재 권위의 한계와 대상범위를 합의
Mazmanian & Sabatier(1981)	불응 간파 및 성공적 기소의 확률 불응에 대한 처벌의 강도	규제의 정당성에 대한 대상 집단의 태도대상 집단의 순응비용
Coombs(1980)	의사전달에 기초한 불응 자원에 관련한 불응 정책에 관련된 불응	행동과 관련한 불응 권위와 관련한 불응
Oran Young(1979)	개인의 이익 강제시행	유인 사회적 압력

연구자	순응요인	
Rodgers & Bullock(1976)	법의 명료성 처벌의 확실성과 그 정도 법에 대한 정당성의 인식 강제시행	정책에 대한 동의 순응의 측정능력 점검의 정도 강제시행 기관의 존재
Anderson (1975)	권위에 대한 존중 합리성과 타당성 정책의 정당성	개인의 이익 제재 기간과 경과

대외적 순응확보 방안(김희경)
① 설득방안(자발적 순응): 계몽, 교육, 홍보, 상징 조작 등
② 유인방안(자발적 순응): 조세혜택, 보상, 보조금, 보험료 감액, 특정 자격부여 등
③ 규제방안(비자발적 순응): 처벌, 벌과금, 격리, 권리의 박탈 등

3. 불응요인 및 유형

(1) 정책집행상의 불응요인

① 구성원의 가치체계와 차이

② 정책내용 및 기준의 모호성

③ 이해관계의 불일치

④ 의사전달의 미흡

⑤ 집행에 필요한 자원의 부족

⑥ 순응에 따른 희생 또는 부담

⑦ 천재지변 등 자연적 장애 등

⑧ 정책관리자의 권위의 부족

⑨ 집행자의 지적·기술적 능력의 부족

(2) 불응의 유형: 고의적 왜곡과 지연, 정책내용의 임의 변경, 집행의 거부, 형식적 순응 및 정책철회 유도 등

정책평가

01 정책평가의 의의

1. 개념

(1) 정책평가란 정책집행 종결에 따른 결과 또는 집행되고 있는 결과에 대한 평가·분석을 말한다. 정책평가는 성공과 실패의 원인 규명 등 행정활동의 합리성과 일관성을 확보하기 위한 정책결정의 환류 등 여러 기능을 수행한다.

(2) 불확실성하에서의 정책평가는 가치를 재음미하는 과정이며, 정책평가에서 중요한 점은 경험으로부터 교훈을 얻는 것이다.

(3) 특정집단의 정치적 지지를 얻기 위한 수단으로 이용될 수 있다.

2. 특징

(1) 정책결정에 관한 지식과 정책결정 과정에 필요한 지식을 창출하는 과정이다.

(2) 전통적인 학문 분야(경제, 사회, 심리학)의 여러 관점을 통합한다.

(3) 현실적 문제를 해결할 수 있는 처방적 정보를 산출하는 실용성을 강조한다.

(4) 사실문제와 가치문제를 종합적으로 분석하는 단계이다.

3. 목적

(1) 민주성 이행 파악: 국민이 원하는 정책이 되었는가 등의 국민의 만족도를 파악할 수 있게 한다.
(2) 정책평가로부터 얻은 정보는 환류시켜 합리적인 정책의 결정·수정·보완·종결 등에 활용된다.
(3) 공무원의 책임성을 강화시켜 주며, 합리적인 자원의 재배분을 가능하게 한다.
(4) 주로 성공보다는 실패의 원인을 규명, 정책실패를 반복하지 않도록 하여 정책의 효과성 증진을 추구하며, 경제적 합리성의 측면이 많이 강조된다.

02 정책평가의 기준

1. 효과성

효과성은 목표의 달성 정도로서 투입보다는 결과에 치중하는 개념이다. 즉, 정책이 의도한 본래의 목표를 달성하였는가를 중심으로 평가하며 목표의 명확성이 요구되는 기준이다. 발전행정론에서 추구하는 개도국형 이념이기도 하다.

2. 능률성

최소의 투입으로 최대의 결과를 추구하는 개념으로서 비용과 관련시켜

성과의 측면을 강조한다. 신공공관리론의 최고 우선순위 개념이기도 하다.

3. 주민만족도

주민의 이해관계를 잘 수용하고 민주성의 관점에서 정책이 어느 정도 성공을 거두었는가를 파악하려는 기준이며, 지지자의 정책에 대한 만족도를 평가할 수 있는 기준이 되기도 한다.

4. 정책수익자에 대한 대응도

정책집행으로 인한 수익자 집단의 혜택 정도와 수익자가 요구하는 욕구에 어느 정도 대응하고 있는가를 중요시하는 기준으로서 행정의 대응성과 밀접하다.

5. 체제유지 기여도

정책을 통해 환경에 대한 대응력 증진과 내부적으로는 조직의 목표·구조·기능 등이 활성화됨으로써 체제가 더욱 발전하였는가를 평가하는 기준이다.

03 정책평가의 유형

현재 우리나라는 정부업무 평가를 실시하고 있으며, 부처별(지자체별) 자체 평가를 실시한 후 문제가 있는 사안에 대해서는 국정평가위원회(합동평가)를 실시하고 있다.

1. 과정평가

과정평가는 집행 전 또는 중간에 평가하는 것으로서 정책집행상의 문제점을 미리 파악하고 해결하며, 중간평가를 통해 진척도 등을 파악함으로써 목표달성에 부합되도록 하는 평가이다. 과정평가는 사전평가로서 형성평가, 진척도 평가, 평가성 검토 등으로 부른다. 예로서는 성과 모니터링, 심사분석(심사평가) 등이 이에 해당되며, 심사분석은 정부업무평가법이 제정되면서 정부업무평가로 명칭이 변경되었다.

2. 총괄평가

집행이 종료된 후 정책이 사회에 미친 영향이나 충격(impact) 등 그 효과를 평가하는 것으로서 영향평가, 임팩트 평가가 해당된다. 이때 정책효과와 수단 간의 인과관계 분석이 이루어진다. 정책영향에는 정책 의도에 관계없이 모든 효과(현재와 미래 포함) · 부작용 · 비용 등이 포함되어 평가된다.

3. 사전평가

정책실시 전 정책으로 인한 영향을 분석하기 위한 평가로서 교통영향 평가나 환경영향 평가 등을 말한다.

정책평가 기준

① Nakamura & Smallwood: 효과, 능률성, 주민만족도, 대응성, 체제유지도
② Schuman: 노력, 과정, 성과 정도, 능률성, 적절성
③ Dunn: 능률성, 효과성, 대응성, 적절성, 형평성, 적합성
* Dunn의 평가접근법: 유사(의사)평가, 공식평가, 결정이론평가

정책평가(이종수 외)

1. **의의**: 정책평가란 정책대안이 의도한 대로 능률적으로 집행되었는지, 목표달성 여부, 원하는 효과를 가져왔는지를 확인하는 것을 말한다.

2. **목적**
   ① **책임, 관리, 지식관리상 목적**
      ㉠ 책임성: 사업관리자(공무원)에게 사업의 질이나 효과성에 대한 책임
      ㉡ 관리성: 사업의 운영에 관련해 효율성과 효과성의 증진추구
      ㉢ 지식관리: 사업의 효과성에 대한 지식축적과 공유 및 환류목적
   ② **과학적 연구과정상 목적**: 과학적 연구과정의 성격을 띠는 정책평가는 주먹구구식 평가보다는 시간과 비용이 더 많이 소요되지만 장기적으로는 오히려 비용과 시행착오를 줄여 주는 필수불가결한 작업이며 다음과 같은 상황에서 더욱 필요하다.
      ㉠ 평가대상의 효과가 복잡하거나 관찰하기 어려울 때
      ㉡ 다음 단계의 결정이 중요하거나 비용이 많이 드는 경우
      ㉢ 결론의 타당성에 관해 다름 사람을 확인시키기 위한 증거가 필요할 때
   ③ **일반적인 목적**
      ㉠ 목표가 얼마나 잘 충족되었는가를 파악하기 위해
      ㉡ 성공과 실패의 원인을 구체적으로 제시하기 위해
      ㉢ 프로그램의 성공을 위한 원칙을 발견하기 위해
      ㉣ 효과성을 증진시키기 위해 여러 기법을 사용하는 실험과정으로 유도하기 위해
      ㉤ 대안적 기법을 상대적인 성공을 위한 근거에서 더 향상된 연구를 위한 기초를 마련하기 위해
      ㉥ 목표달성을 위해 사용된 수단과 하위 목표들을 재규정하기 위해

3. **정책평가의 유형**
   ① **평가시기에 따른 구분**: 형성적 평가와 총괄적 평가
      ㉠ 형성적 평가(formative evaluation): 과정평가, 도중평가, 진행평가 등으로 불리는 것으로 사업계획을 형성 및 개발하는 과정에서 수행되는 평가
   * 집행성과모니터링=정부업무평가(과거에 심사분석 또는 심사평가)
      ㉡ 총괄적 평가(summative evaluation): 정책이 집행된 후에 의도한 목적을 달성했는지의 여부를 판단하는 활동으로 정책의 효과성을 평가하는 것
   * 메타평가(사전적, 사후적 메타평가): 상급기관의 재평가로서 주로 사후적 평가를 많이 하고 있다.
   ② **평가목적에 따른 구분**: 과정평가, 영향평가, 포괄적 평가
      ㉠ 과정평가(process evaluation): 정책이나 사업이 정해진 지침에 따라서 집행되었는지를 평가하는 것
      ㉡ 영향평가(impact evaluation): 정책이 의도한 방향으로 변화를 가져왔는지, 정책이 의도한 목표대로 대상 집단에 영향을 주었는지를 평가하는 것
      ㉢ 포괄적 평가(comprehensive evaluation): 과정평가+영향평가로서 결정자 및 국민에게 정책집행과 정책결과에 대한 유용한 정보를 제공
   ③ **국정평가기본법의 내용**
      ㉠ 자체평가: 중앙부처 및 지방정부의 자체 기관 평가

ⓛ 합동평가: 자체평가 중에서 문제가 있는 것과 필요하다고 인정되는 사안에 대해서는 중앙평가인 합동평가를 하도록 되어 있다(국무총리를 위원장으로 행자부장관, 기예처장관, 중앙인사위장관과 외부 전문위원으로 구성).

④ 내부평가와 외부평가

구 분	내부평가	외부평가
행정적 신뢰감	외부전문가의 현실성 도외시 하는 경우	외부전문가에 대한 신뢰가 높을 경우에 바람직하며, 대체로 당해 정책과 무관한 외부평가가 객관성과 신뢰 확보 용이
객관성	중립적이고 객관적인 평가 곤란	중립적이고 객관적인 평가 용이
프로그램의 이해	용이	불리
평가결과의 효용성	평가결과를 해석하고 활용, 제안 용이	불리
평가의 자율성	확보 곤란	확보 용이

메타(Meta)평가

1. **개념**: 평가의 평가라고도 하는데, 자체평가 후 타 기관, 주로 상급기관에서 재평가를 하는 것을 말한다. 중앙부처의 평가를 국무총리실(국무조정실)에서 실시하게 된다.

2. **유용성**
   ① 타 기관의 다면적 평가의 특성을 가지고 있으므로 공공부문에서의 서비스가 갖는 다면적 특성을 반영할 수 있는 장점이 있다.
   ② 메타평가의 구체적인 지표구성은 타당성과 신뢰성을 균형 있게 확보해야 한다.
   ③ 평가대상의 특성을 표준화시켜 지표를 구성하는 측정방식에 대한 보완이다.

우리나라의 정책평가제도

1. **우리나라 자치단체의 평가제도(유재원)**
(1) **평가제도의 개요**: 자치단체의 자율성 확대에 따라 지방행정의 책임성과 국정의 통합성을 확보하기 위해 합동평가와 자체평가를 실시하도록 하며, '정부업무 등의 평가에 관한 기본법(2001년)'에 따라 16개 시·도를 대상으로 합동평가가 실시되고 자체평가는 기존의 심사분석제도 대신 2003년부터 시·군·구를 대상으로 실시되고 있다.
(2) **자체평가와 합동평가**
   ① **자체평가**
      ㉠ 자체평가는 심사분석제도 대신 2003년부터 실시되고 있으며, 전국 250개 자치단체 중 229개 자치단체가 참여하고 있다.
      ㉡ **문제점**
         ㉮ 서울시 등 일부 자치단체는 내실 있는 자체평가를 실시하고 있으나 대부분의 자치단체의 경우 시행 초기단계로 평가 경험이 부족하여 사업 진도를 분석하는 종전의 심사분석 수준을 크게 벗어나지 못하고 있다.
         ㉯ 자치단체장이 예산을 확보하여 사업을 추진하는 데 급급하여 시책 및 사업에 대한 평가에 대해서는 관심이 적고 평가담당인력(시·군·구 평균 1명)도 매우 부족하다.

② 합동평가

　㉠ 매년 초 총리실에서 부처별로 자치단체 평가과제를 제출받아 행자부의 의견을 고려하여 합동평가 과제를 확정 짓는다. 행자부는 평가과제별로 평가지표 및 평가자료 작성 매뉴얼을 개발하고 '합동 평가세부시행계획'을 수립하여 시·도 및 관계부처에 통보한다. 합동평가는 시책평가와 민원서비스 만족도 조사로 구분, 실시하고, 시책별로 최고등급인 '가' 등급을 맞은 시·도에 대해서만 통보하 고, 언론에는 시·도별 우수시책을 2개씩 소개한다. 평가결과 '가' 등급을 맞은 시·도에 대해서 는 특별교부세를 수여하고 유공자에 대해서는 포상하며 평가보고서 및 우수사례집을 발간하여 관 계부처 및 시·도에 배포하여 업무개선을 유도한다.

　㉡ 합동평가의 문제점

　　㉮ 각 부처에서 선정, 통보된 개별시책을 단순히 통합하여 평가를 실시함에 따라 단편적이고 경미 한 시책 위주로 평가과제가 선정되고, 자치단체가 추진하는 국정업무 전반을 포괄하지 못하며, 시책 전반에 대한 진단, 분석하고 개선방안을 도출하는 기능이 미흡하다.

　　㉯ 피평가기관인 시·도의 의견수렴 없이 일방적으로 평가과제가 선정되어 통보된다.

　㉢ 평가결과 보고서를 작성하여 관계부처 및 시·도에 통보하고 있으나 시책개선 반영 여부를 사후 적으로 확인하지 않고 있다.

　㉣ 제출된 자료에 대해 시·도 간 상호 검증, 허위자료감점제 등을 적용하고 있으나 객관적 검증이 미흡하다.

2. 개정 국정평가기본법(이근주)

(1) 내용

① **자체평가 중심의 운영 및 상위평가**: 국정평가기본법은 각 부처의 자체평가를 중심으로 정책평가가 이루어지도록 설계되어 있고 문제점이 있는 사안은 상위평가를 실시한다.

② **다수부처 관련 정책평가의 강화**: 기존의 평가제도하에서는 기관 단위로 정책이 선정되기 때문에 다 수의 부처가 관련되는 정책에 대하여는 평가제도가 명시적으로 규정되어 있지 않아 평가가 충분하게 이루어지지 못한 경향이 있었다.

③ **국정평가기본계획의 수립**: 국정평가에 관한 기본계획을 수립하고 그 타당성을 최소한 3년마다 검토 하여 수정·보완하는 국정평가기본계획 제도의 도입은 일관성 있는 평가제도의 운영과 장기적인 시 각에 기초한 정책평가의 실시를 위하여 바람직한 제도의 도입으로 판단된다.

(2) 국정평가기본법(안)의 쟁점

① **국정평가위원회의 구성 및 역할**: 국무총리 소속으로 14인 이내의 위원으로 구성

② **위원**: 위원장은 국무총리, 부위원장은 외부전문가로 임명된다. 그리고 위원은 행정자치부장관, 기획예 산처장관, 중앙인사위원회위원장 및 국무조정실장이 당연직으로 참여하며 나머지는 최대한 9인으로 외부전문가가 2년의 임기로 위촉된다.

* 기존의 정책평가위원회가 외부전문가 집단으로 구성되고 그 규모가 위원장을 포함하여 30인 이내로 구 성된 것과 비하여 많은 차이가 있다.

(3) 국정평가위원회의 특징

① **그 의 정책평가제도의 개선**: 관주도형에서 민간전문가에 의한 참여는 정부에서 이루어지고 있는 평 가가 공정하고 객관적인 시각에서 이루어지도록 하는 데 그 목적이 있다. 감사의 독립성만큼이나 공 정하고 객관적인 평가를 위한 평가의 독립성이 중요하기 때문이다.

② **국정평가위원회의 민간참여 축소**: 민간전문가의 참여는 규모와 비중 면에서 매우 축소되었으며 실제 활동에 있어서도 위축될 소지가 많다. 특히, 행정자치부, 기획예산처 등 현직 중앙부처 장관의 국정 평가위원회 참여는 민간위원의 적극적인 역할에 제약이 될 수 있을 것이다.

③ **새로운 평가제도의 내용**: 각 기관의 자체평가를 기본적인 틀로 하고 있으며, 자체평가가 절차 및 방 법에 흠이 있을 경우에만 위원회에서 상위평가를 하도록 되어 있다(제25조). 하지만 상위평가의 여부 를 판단하는 기관에 피평가기관의 장이 다수 참여하고 있어 평가 절차 및 방법의 흠결에 기초한 상 위평가에 대한 판단이 전문가적인 시각보다는 관주도적으로 이루어질 가능성이 많다.

(4) 문제점
① **상위평가 위원 구성**: 상위평가를 하는 기관에 자체평가를 실시한 당사자인 기관의 장이 참여하고 있는 것은 논리적으로 모순이 된다. 실제 운영에 있어서도 제척규정이 있다고 하더라도 상위평가에 관한 객관적이고 공정한 판단을 하는 데 저해요소가 될 수 있다고 판단된다.
② **평가의 적실성의 한계**: 현직 장관의 참여는 같은 장관급 기관의 장이 다른 장관급 기관의 자체평가에 대하여 그 적실성을 판단하는 것이 되어 문제가 될 수 있다. 국무총리가 위원장인 기관이기는 하지만 부처의 장관이 위원으로 참여하여 타 부처의 자체평가의 타당성에 대하여 문제점을 지적하고 이에 대한 의사결정을 내리는 경우 실질적인 수용도가 낮을 것이 예상된다.
③ **평가위원의 비전문성**: 부처의 장은 소관 부처 업무에 대한 책임을 지고 있어 해당 분야에 대한 전문성을 인정할 수 있지만 평가방법론에 대한 전문가는 아니기 때문에 평가 방법 및 절차의 흠결에 대한 전문적인 판단을 내릴 수 있는 위치에 있다고 할 수 없다.

04 정책평가의 타당도

1. 의의

정책평가에 있어서 타당도란 어떤 정책이 달성하고자 하는 목표와 효과에 대한 달성 정도를 말한다. 즉, 정책집행과 정책목표 달성과의 인과관계를 의미한다.

2. 인과관계의 확인(S. Mill)

(1) **공변성**: 정책수단과 정책효과 사이의 상호 관련성을 말한다.
(2) **시간적 우선성(선후관계)**: 정책효과가 발생되기 위해서는 정책수단이 먼저 발생하고 먼저 변화한다는 것을 의미하는 정책효과와 수단의 시간적 선후관계를 말한다.
(3) **비허위적 관계**: 비허위적 관계란 제3의 변수에 의해 설명할 수 없는

두 변수 간의 상호 연관성을 말한다. 즉, 외재적 변수인 제3의 변수의 영향이나 효과가 모두 제거 또는 통제되어도 정책수단과 효과 간 상관관계가 나타났다면, 수단과 효과 간의 관계를 비허위적 관계라고 말한다.

3. 타당도의 구분

(1) **구성적 타당도**: 정책평가에 사용된 이론적 구성과 측정도구의 일치 정도를 말한다. 즉, 이론적 구성요소인 처리, 결과, 모집단, 상황변수들이 잘 조직화되었는가를 말한다. 구성적 타당도를 확보하기 위해서는 측정도구들의 수렴적 타당도(측정지표들 간의 상관관계가 높을 때 확보)와 차별적 타당도(복수의 측정지표들 간의 상관관계가 낮을 때) 확보가 전제되어야 한다.

(2) **내적 타당도**: 원인변수와 결과변수 간의 인과관계를 말한다. 즉, 정책집행과 정책효과 사이의 인과관계를 정확히 측정·파악할 수 있다면 평가 결과, 내적 타당도가 높다고 보는 것이다.

(3) **외적 타당도**: 내적 타당도를 가져온 변수들을 다른 조건과 상황(타 집단)에 적용하였을 때도 타당도가 밝혀졌다면 그때는 외적 타당도도 있다고 말할 수 있다.

(4) **통계적 결론의 타당도**: 정책효과를 밝혀낼 만큼 충분하고도 정밀하게 연구 설계가 이루어진 정도를 말한다. 즉 제1종 및 2종 오류발생을 최소로 하는 정도이다.

05 정책평가를 위한 사회실험

1. 실험방법의 종류

(1) 비실험적 방법: 비실험 설계에 의해 자료를 수집하고 자료를 통계적 방법으로 분석하는 것을 말한다. 즉, 실제 현장 실험방법이 아니라 자료와 통계학적 방법에 의한 실험결과를 도출해 내는 방법이다.

(2) 실험적 방법: 비실험과는 달리 실제 모 집단을 실험집단과 통제집단으로 나누고 실험집단에게만 예상하는 결과가 나오도록 처리를 하는 방법이다.

2. 실험의 종류(집단 추출 시 무작위 배정을 전제)

(1) 진실험: 실험집단과 통제집단으로 나눌 때, 집단 간 동질성이 있는 경우
(2) 준실험: 실험집단과 통제집단으로 나눌 때, 집단 간 동질성이 없는 경우

3. 실험과 타당성

(1) 내적 타당성: 진실험에서 내적 타당성은 높게 나타나는데, 독립변수와 종속변수 간의 인과관계가 성립되었을 때 내적 타당성이 있다고 본다.

(2) 외적 타당성: 준실험에서 외적 타당성은 높다고 할 수 있는데, 내적 타당성의 인과관계(결과)를 외부집단, 즉 동질성이 없는 다른 외부집단에 적용하였을 때도 인과관계가 성립되었다면 외적 타당성이 있다고 본다. 즉 연구로 나타난 결과를 일반화할 수 있는 정도, 실험설계와 같은 실험이 계속해서 반복되어 실험이 효과가 있다는 것이 반복

적으로 증명될 때 외적 타당도가 높은 설계라고 한다. 또 어떤 연구에서 서술된 인과관계가 그 연구의 조건을 넘어서서 일반화될 수 있는 정도, 조사의 결과를 보다 많은 상황과 사람들에게 적용시킬 수 있는 정도를 의미한다.

(3) 실험적 타당성: 실험시행의 현실성을 말하는 것으로서 실험의 가능성과 용이성을 말한다.

4. 실험과 타당성과의 관계

구 분	진실험	준실험
내적 타당성	High	Low
외적 타당성	Low	High
실험적 타당성	Low	High

06 타당도의 제약요인

1. 내적 타당도의 제약요인

(1) 성숙 효과: 시간경과에 따른 대상 집단의 특성 변화(성장)를 말한다 (우유와 아동의 성장관계의 실험).

(2) 역사적 요인: 실험기간 중에 예기치 않은 사건이 발생하여 실험 결과 (정책효과)에 영향을 미친 경우를 말한다.

(3) 상실요인: 실험(집행)기간 중에 관찰 대상 집단의 일부가 이동 등으로 인해 탈락 또는 상실됨으로써 실험이 제대로 진행되지 않은 경우로서 남아 있는 대상 집단이 최초의 관찰 대상 집단과 다른 특성을 갖게 되는 현상을 말한다.

(4) **선발요인(선정) 효과**: 정책집행 후에 실험집단과 비교집단 간의 결과변수에 대한 측정값의 차이가 집행의 효과라기보다는 원래부터 두 집단 구성원들의 차이 때문에 나타나는 효과가 실험에 영향을 준 경우를 말한다. 쉽게 말해서 극단적인 성향을 가진 여러 실험대상자들에게 실험 직전, 단 1회 시험을 쳐 보고 그 시험결과를 토대로 실험대상자를 선정하여 실험의 효과를 측정하려고 할 때에 나타날 수 있는 현상을 말한다.

(5) **희귀 인공요인(통계적 회귀)**: 실험 직전의 반응결과를 믿고 집단을 구성하거나 극단적인 측정값을 갖는 사례들을 재측정 할 때, 평균값으로 회귀하여 처음과 같은 극단적 측정값을 나타낼 확률이 줄어드는 현상을 말한다.

(6) **검사효과**: 실험과정에서 실험에 필요한 검사를 반복하는 경우에 검사 참여자들이 검사에 친숙도가 높아져서 측정값에 영향을 미치는 현상을 말한다.

(7) **측정도구의 변화**: 측정기준이나 도구의 비일관성으로 결과(효과)가 영향을 받아 왜곡되는 현상을 말한다.

(8) **측정요소**: 실험 전에 측정 사실 그 자체가 실험에 영향을 주는 현상이다.

(9) **모방효과**: 통제집단이 실험집단을 모방하여 정확한 실험결과가 나오는 것을 저해한다(오염 또는 확산효과).

(10) **선발과 성숙의 상호 작용**: 실험집단과 통제집단의 샘플링에서의 차이와 두 집단의 성숙속도의 차이로 인한 영향을 받게 된다.

(11) **누출효과**: 정책의 내용이 누출되어 실험의 효과가 정상적으로 나타나지 않는 현상이다.

내적 타당도를 제고시키기 위한 변수통제방법

① **무작위 배정에 의한 통제**(난선화, Randomization): 대상자들을 실험집단과 통제집단에 무작위로 배치하는 방법. 대상자에게 일련번호를 붙여서 난수표를 이용하여 해당되는 번호의 대상자를 실험집단과 통제집단에 번갈아 배치하는 방법. 이렇게 무작위로 추출된 집단에 대해 동질성을 확보하여 실험집단과 통제집단으로 구성하고 외생변수의 영향이 두 집단에 동일하게 나타나도록 하는 실험

② **축조에 의한 통제**: 매칭에 의한 배정으로서 특정 정책이 적용되는 지역과 그렇지 않는 지역이 구분되어 있어 집단구성을 무작위로 배정하기 어려울 때 실험대상을 유사한 대상끼리 짝을 지어 배정하는 방법

③ **재귀적 통제**: 전국적으로 실시되는 정책인 경우에 실험집단과 통제집단으로 구분하기 어려우므로 통제집단을 구성하지 않고 실험집단과 같은 한 집단에 대해서만 정책을 실시한 후 일정 기간 동안 나타난 결과의 변화를 정책 실시 전과 비교하는 방법

④ **통계적 통제**: 시계열분석을 통하여 외생변수를 추정하여 통제하는 방법

⑤ **포괄적 통제**: 유사한 집단에 정책을 집행하면 어떤 정책집행의 결과가 나타날 것이라고 예상되는 기대치와 비교하여 정책결과를 판단하는 방법

⑥ **잠재적 통제**: 정책결과에 대한 전문가들의 의견을 종합하는 방법

외적 타당도 저해요인 통제방법: 확률적 또는 무작위 표본 추출방법 적용

2. 외적 타당도의 제약요인

(1) **호오손 효과**: 인간관계론의 호오손 공장실험에서 나타난 결과로 실험집단구성원이 자신이 실험대상이라는 사실을 알고 난 후에는 평소와는 다른 행동을 하기 때문에 정확한 실험결과 추출에 제약이 된다는 것이다.

(2) **표본 집단의 대표성 문제**: 무작위로 추출했다 하더라도 표본 집단으로 선정된 집단이 모든 다른 집단들을 대표할 수 없기 때문에 실험의 신뢰성이 문제된다.

(3) **Placebo 효과**: 위약효과라고도 하며, 정책대상들의 정책에 대한 심리적 기대와 믿음으로 인하여 정책수단의 구성요소가 야기할 수 있는 효과와는 다른 효과가 나타나는 경우이다.

(4) **크리밍 효과**(creaming effect): 실험자의 의도적인 행위로서 실험결과(정책효과)가 의도되는 대로 잘 나타날 수 있는 대상만을 실험집단으로 선정하는 경우를 말한다.

(5) **다수처리에 의한 간섭**: 동일 집단에 실험이 반복되는 경우 실험조작에 실험집단이 적응함으로써 나타나는 제약요인이다.

정책분석

01 정책분석의 의의

1. 정책분석의 개념 및 특징

(1) 개념

정책분석이란 정책 목표달성의 수단인 여러 정책대안을 체계적으로 검토함으로써 합리적인 대안을 결정할 수 있게 하는 창의적·쇄신적 활동을 말한다.

(2) 특징

① 효율성·효과성 등 여러 측면에서 목표달성을 극대화하기 위해 쇄신적·창조적 정책대안의 적극적 발굴·모색을 중점으로 기존의 정책대안도 새로이 검토한다.
② 경제성·정치적 합리성을 중시한다. 즉, 양적·질적 가치의 기준을 바탕으로 분석한다.
③ 목표설정과 마찬가지로 규범성과 현실적 실행 가능성을 동시에 추구해야 하는데, 공익성과 현실 여건(자원 부족, 이해관계 등) 등을 동시에 고려해야 하는 매우 복잡한 단계이다.
④ 정책분석은 정책분석, 체제분석, 관리과학의 세 가지 측면에서 분석을

시도하는데, 분석방법의 선택은 정책목표와 상황, 분석자의 주관성에 따라 다를 수 있다.

2. 정책분석과정

(1) 문제의 인지와 목표의 설정

먼저 해결해야 할 문제를 인지하고 목표를 설정한다.

(2) 대안의 탐색과 결과의 예측

목표달성을 위한 여러 대안을 탐색하고, 그 대안을 통해 정책이 집행되었을 때의 결과를 예측한다.

(3) 대안의 비교·평가

탐색된 대안을 경제적·정치적 합리성 등을 고려한 상대적 가치를 비교·평가한다.

(4) 대안 분석결과의 평가

분석담당자는 비교·평가된 대안의 분석결과를 정책결정자에게 제시하고 최종 대안을 결정한다.

정책대안분석 평가이론(능률성 기준)
(1) Pareto optimal: 개인적 차원에서의 효용의 최적 배분상태
(2) Kaldor－Hicks 보상이론: 사회 전체적 이익이 더 크다면 개인의 희생이 있더라도 정책은 시행해야 하며 총효용의 산출로 개인의 손실을 보상하면 된다.
(3) Scitovsky의 주장: Kaldor－Hicks 이론의 보완, 칼도힉스의 이론이 적용되어 사회변화의 발생 시 다른 대체 정책으로 변화 이전의 원래 상태로 환원이 안 된다면 그 정책내용은 바람직한 것으로 판단
(4) Bergson의 이론: 사회적 효용을 감소시키는 정책이나 정부의 활동은 바람직하지 않음(사회후생함수).

정책 대안분석 평가 기준
(1) 소망성: 바람직스러움을 말하며, 국민의 바라는 바로서 능률성, 효과성, 형평성과 기타 만족도, 감응성, 일관성 등을 말한다.
(2) 실현 가능성: 현실적으로 행동으로 옮길 수 있는 여건이나 가능성을 말한다.
① 기술적 실현 가능성: 기술의 발달수준과 연관되며, 존재 유무 및 현실적인 적용 가능성
② 경제적 실현 가능성: 예산확보 및 동원의 가능성
③ 법적, 윤리적 실현 가능성: 법적, 윤리적 허용수준으로서 법적, 윤리적 한도 범위 내에서 이루어져야 하는 제한성
④ 정치적 실현 가능성: 정치적 지지 여부나 가능성
⑤ 행정적 실현 가능성: 조직과 인력 등의 동원 및 허용 여부

3. 정책분석의 문제점

(1) 문제의 다양성과 목표설정의 어려움

해결해야 할 사회문제의 복잡성과 상황변화에 따라 목표의 유동성·다양성이 고려되어야 하며, 이해관계의 대립 등은 목표설정을 어렵게 된다.

(2) 정보·능력의 부족

분석을 위한 자료·정보의 부족과 이들의 부정확성, 정책분석자의 지적 능력 및 전문성 부족 등은 정책분석 자체의 오류발생과 결정된 정책대안을 통한 정책집행과정에서 발생되는 결과나 영향을 잘못 판단하는 경우가 발생한다.

(3) 공공정책 분석의 비계량성

공공정책에 있어서는 문제의 여러 요소들을 계량화한다는 것이 매우 어렵다. 계량화는 객관성을 바탕으로 하는데, 정책이란 여러 변수들의 집합체이므로 모든 측면을 계량화하여 처리하기는 현실적으로 불가능하다.

02 정책분석의 유형

1. 정책분석(PA)

(1) 개념

① 정책분석이란 정책결정자가 과학적인 분석방법을 동원하여 합리적 판단을 위해 하는 일련의 활동을 말한다.

② 정책분석은 체제분석, 관리과학(운영연구)으로 나누어 볼 수 있다.

(2) 특징

① 정책의 기본방향을 설정, 정책목표의 최적화를 추구

② 사회적 배분, 인본주의, 인간의 이성을 중시, 가치탐구, 장기목표 지향성

③ 정치적 합리성, 가치문제를 전제로 경제성 합리성도 동시에 추구

④ 정책대안의 쇄신성과 사회현상에 대한 관심과 통찰력이 요구

2. 체제분석(SA)

(1) 의의

① 체제분석(System Analysis)이란 의사결정자가 특정 목표달성을 위한 최적대안을 선택하는 데 활용되는 체계적이고 과학적인 이론을 제공한다.
② 체제분석은 경제적 합리성을 우선으로 하며, 정책분석보다는 낮은 수준에서 질적 가치문제에 대한 평가도 중시하는 규범적 접근방법에 속한다.
③ PPBS는 체제분석을 이용한 예산제도이며, 비용편익분석과 비용효과분석은 체제분석의 주된 기법이다.

(2) 특징

① 체제적 관점에서 문제를 접근하며 대안을 체계적으로 모색·검토·평가하는 거시적 관점의 분석방법이다.
② 체제적 관점은 개방성을 전제하므로 환경의 불확실한 상황이나 요인을 고려한다.
③ 대안의 선택과 관련되는 문제를 부분적으로 분석하여 해결책을 모색하는 부분적 최적화를 추구한다.
④ 시행착오에 의한 문제해결 방식이 아니라 수행상 발생되는 문제와 영향요인을 가능한 한 모두 분석하고 평가하여 결정을 할 수 있도록 사전에 전체적인 관점에서 검토한다.
⑤ 양적인 분석과 질적인 분석을 동시에 고려하는데, 정책분석과 관리과학의 중간 정도 수준에서 양적인 것과 질적인 분석 수준을 선택한다.
⑥ OR과 비교할 때 의사결정지원과 계량적 분석이라는 측면에서는 유사하나, 전체로서의 체제의 구조·기능·형태의 경험을 기본지식으로 삼고 있다는 점에서 다르다.

(3) 체계분석 준비단계: 문제의 성격 파악 → 목적의 명확화 → 제약점의 발견 및 자원 조사 → 체계분석의 한계 설정

(4) 체계분석 과정

① 대체수단의 열거와 비교: 목적달성을 위한 수단을 열거하고 경제적 합리성에 기초하여 수단을 비교하는 단계이다.
② 비교의 기준: 최적 대안을 비용과 편익에 기초하여 선택하는 단계를 말한다.
③ 불확실성의 문제: 모든 정책, 기획 그리고 행위는 불확실성을 내포하고 있는데, 체계분석의 장점은 불확실성을 철저하게 분석한다.

3. 관리과학

(1) 개념

① 관리과학의 기법은 최적대안을 선택하는 데 있어서 경제학에서 주로 활용하고 있는 과학적·계량적 분석기법을 사용한다.
② 관리과학의 분석기법으로서는 OR(운영연구), 게임이론, PERT(사업계획평가검토), LP(선형계획), CPM(경로공정관리법), Simulation, Queuing Theory(대기이론), 수송네트워크 모형 등이 해당된다.

(2) 특징 및 한계

① 정책분석과 체제분석과의 가장 큰 특징은 질적 가치보다는 양적 개념을 중심으로 컴퓨터를 활용한 과학성에 입각한 분석을 중시한다.
② 문제해결의 대안탐색과 분석은 폐쇄적·체제적 접근방법의 입장이다.
③ 과학성을 바탕으로 분석하므로 결정에 있어서 최적 합리성을 추구한다.

④ 과학성과 계량화를 강조하는 수학적 모형의 분석기법으로서 가치문제나 질적 측면을 소홀히 하기 쉽다.

⑤ 분석범위가 작고 전체 사회목표, 복잡한 사회문제를 다루는 데 한계가 많다.

⑥ 고도의 질적 판단이나 쇄신을 필요로 하는 대안의 탐색은 기대하기 어렵다.

Check point

정책분석(PA), 체제분석(SA), 관리과학(OR)의 비교
(1) **정책분석**: 정치 / 가치 고려, 포괄성, 정책대안의 쇄신
(2) **체제분석**: 합리모형, 거시적, 경제성, 능률성 및 합리성, 비용편익 / 효과분석
(3) **관리과학**: 과학적, 미시적, 연역적, 경제적 / 기술적 측면 강조, 컴퓨터 활용

시계열분석
　과거의 변동 차이를 시간적으로 분석하여 그것을 토대로 미래의 결과를 추정하는 방법(투사법, 보외적 예측, 추세분석, 연장적 예측, 경향분석)

회귀분석
　시계열분석으로 얻은 자료나 통계적 조사결과를 토대로 독립변수와 종속변수 간의 상관관계식을 도출하고 독립변수에 따라 종속변수의 결과를 추정하는 방법
　① 단순회귀분석: 독립변수와 종속변수를 하나로 구성한 경우
　② 다중회귀분석: 독립변수와 종속변수가 둘 이상인 경우

민감도 분석
　각 정책대안의 비용과 편익을 구성하는 요소의 현재 가치의 변동을 추정하여 대안의 비용과 편익을 비교

계층분석
　① 합리적인 정책결정을 위한 분석기법 중 계량적인 분석보다 질적인 분석에 주로 활용된다.
　② 어떤 문제의 상황 발생에 영향을 주는 주변 환경의 다양한 원인들을 창의적으로 찾아내기 위한 분석방법이다.
　③ 문제와 관련된 개별분석가의 직관이나 판단에 의해 원인이 식별된다.

분류분석
　문제의 상황을 정의하고 분류하기 위하여 사용되는 개념을 명백하기 위한 기법

경계분석

  정책문제에 직접적으로 연관되어 있는 경계에 있는 개인이나 집단의 의견을 수렴하고 그들의 상황을 고려해서 판단하는 기법

아이디어 발상 – 시네틱스(synetics) 기법

  분석기법 중의 하나로서 시네틱스사를 창립한 고든이 개발하였는데, 여러 가지 유추로부터 아이디어나 힌트를 얻는 방법이다. 유추(analogy)사고라는 것은 대상이 되는 것과 유사한 것을 연계시켜 내는 발상법이다.
  1. **의인적 유추**: 참가자가 과제 혹은 문제의 대상이 되고 있는 것에 완전히 일치해 버리는 (이미지 속에서) 발상이다. 즉 개인적 유추라고도 하는데, 분석가가 마치 정책결정자처럼 문제를 경험하고 있는 것으로 상상한다.
  2. **직접적 유추**: 일반적인 사상과 사물을 분석과제와 연결시키는 것이다. 힌트는 우리 주위에서 우연히 발견될 수도 있으며, 동물, 식물, 자연현상이 힌트가 되기 쉽다. 예를 들어 옷에 달라붙는 엉겅퀴 열매로부터 매직 파스너의 아이디어가 나왔으며, 벌레의 유충으로부터 문자 그대로 캐터필러와 탱크가 발명된다.
  3. **상징적 유추**: 동화나 이야기의 상징적 인물이나 사건에서 힌트를 얻는다. '백설공주 콤플렉스', '피터팬 신드롬', '신데렐라 콤플렉스' 등도 이에 해당된다.
  4. **환상적 유추**: 분석가가 핵공격에 대한 방어의 문제를 구조화하기 위하여 상상인 상태에서 유추한다.

4. 비용편익분석(Benefit – Cost Analysis)

(1) 개념 및 의의

① 비용편익분석이란 투입 대 편익을 분석하는 것으로서 능률성을 강조한 분석방법의 일종이다. 이 편익은 양적인 개념으로 화폐 가치화할 수 있다.

② 비용효과분석은 투입 비용에 대한 효과를 중시하는 분석방법으로서 능률성과 같은 양적인 개념보다 질적인 측면을 더 중요시한다. 따라서 효과의 산출은 화폐 가치화할 수도 없으며, 정책결과의 효과성(목표의 달성 정도)에 보다 중점을 둔다.

③ 비용편익분석은 공공투자사업을 분석하는 데 가장 많이 사용되는 기법이다. 그러나 대부분의 공공사업은 편익을 계량화하기 어렵기 때문에 비용효과분석을 동시에 수행하는 것이 필요하다.

(2) 비용편익분석의 내용

① 개념 정리

　㉠ 순현재가치(NPV: Net Present Value)=편익의 현재가치 − 비용의 현재가치

　㉡ 편익비용비율(B / C Ratio)

　　㉮ 편익비용비율=편익의 현재가치 / 비용의 현재가치

　　㉯ 한계편익비용비율=Δ편익의 현재가치 / Δ비용의 현재가치

　㉢ 내부수익률(IRR: Internal Rate of Return)

　　㉮ 순현재가치가 0이 되도록 하는 할인율(이자율)

　　㉯ 한계순현재가치(MNPV)가 0이 되도록 하는 할인율

　㉣ 회수기간법(Payback Period)

　　㉮ 비용의 회수기간을 계산

② 순현재가치법: 사업은 미래의 일이므로 미래에 발생하는 편익과 비용을 현재가치로 환산하여 사업의 타당성을 판단하게 된다. 따라서 현재편익에서 현재비용을 뺀 결과 편익이 크게 나타난 사업에 투자하거나 사업의 타당성을 판단하는 것이다. 편익과 비용이 모두 화폐단위로 측정되었을 경우에는 순현재가치 기법이 유용하며, 사업의 규모가 클수록 순현재가치가 0보다 크게 나타나는 단점이 있다. 순현재가치법 적용이 내부수익률법보다 오류가 적다.

③ 내부수익률기법: 할인율이 결정되었을 때는 순현재가치법이나 편익비용비를 이용하면 되지만 할인율(이자율)을 모르는 경우에는 내부수익률을 통하여 사업의 타당성을 판단하는 기준이다. 즉, 내부수익률(IRR)은 순현재가치를 0으로 해 주는 할인율의 역할을 하므로 내부수익률이 0보다 크면 순현재가치도 0보다 커지므로 사업의 타당성, 즉 현재가치가 높아 사업의 시행 여부를 판단하게 된다. 내부수익률이 할인율보다 높을수록 타당성이 있다.

④ 편익비용비율과 순현재가치법: 예산이 부족할수록 순현재가치법보다 편

익비용비로 판단하는 것이 좋다.

⑤ 회수기간법: 총투자비용을 회수할 수 있는 기간을 계산하여 투자비용이 가장 빨리 회수되는 사업이 타당성이 높다고 본다. 즉, 투자한 비용에 대한 급부의 회수기간이 짧을수록 경제적 타당성이 높기 때문에 현재가치는 높아진다.

⑥ 예산부족 시는 결과만을 평가하는 순현재가치법의 적용보다는 비율을 기준으로 평가하는 편익비용비의 적용이 더 합리적이다.

⑦ 예상 이자율이 제시될 때 내부수익률과 비교하여 내부수익률이 높을 때는 현재가치가 높아져 사업의 타당성이 있다.

(3) 할인율

① 개념: 미래의 소득에 대한 현재자원의 교환비율을 의미하는 것으로서 기회비용 측면에서 평가된다. 할인율이 낮으면 장기적인 사업으로 할인율이 높으면 단기적인 사업을 추진하는 것이 유리하다.

② 종류

　㉠ 민간 할인율(Private Rate of Return): 민간자본시장에서 형성된 시장이자율을 말하며, 이윤추구와 같은 수익률 보장에 따라 높게 책정되고 있다.

　㉡ 사회적 할인율(Social Rate of Return): 공공사업의 경우에 공공사업에서 발생되는 미래의 외부효과를 반영시키기 위하여 시장이자율보다 낮은 할인율이 사용된다.

(4) 비용편익분석의 공공부문의 적용 가능성

① 현실적이고 타당한 대안의 모색과 목표에 대한 합의도출이 어렵다.

② 공공부문의 사업의 편익을 화폐가치로 환산하는 작업이 곤란하다. 특히 공공취로사업의 경우, 사회적 재배분의 성격이 강하므로 사업의 결과를 계량화한다는 것은 매우 어려운 일이다.

③ 편익에 치중한 분석이므로 미래가치에 대한 고려를 하지 않는 측면이 있다.

④ 사업평가 시 분석가가 정치적 목적달성에 치중하거나 사회적 가치를 소홀히 할 수가 있다. 따라서 정치적 중립과 윤리 확보가 중요시된다.

C heck
P oint

비용편익분석과 비용효과분석(요약)

(1) **비용편익분석**: 편익 / 비용, 능률성(양적 개념), 화폐가치화 가능, 미래가치 미고려(저수지후보 선정 시 활용), 공공정책분석에 한계

(2) **비용효과분석**: 효과 / 비용, 효과성(질적 개념), 수치화 불가능, 가치 측면 강조, 공공취로사업과 공공재나 준공공재 생산에 적용, 비용편익분석의 보완

(3) 비용편익분석의 평가기준
　① **순현재가치(NPV)**: 현재편익가치(B) − 현재비용가치(C) 〉 0: 사업타당성 유
＊ **한계순현재가치(MNPV)**: 현재편익가치의 증분(△B)−현재비용가치의 증분(△C)〉0: 사업 타당성 인정
　② **편익비용비**: B / C로서 1보다 커지면 사업타당성 존재
＊ **한계편익비용률(MB / MC)**: △B / △C〉1: 사업시행
　③ **내부수익률(IRR)**: NPV(B − C)=0(B=C) 또는 B / C〉1이 되는 할인율(투자비에 대한 회수이득 기준), IRR은 경제적 타당성 판단 기준, 국제기구에서 적용, 복수의 값 존재 가능
＊ **내부수익률〉기준할인율(사회적 할인율, 공공할인율)**: 사업시행
　④ 사업의 타당성 기준(종합)
　　㉠ B−C〉0, △B − △C〉0, △B / △C〉1, IRR〉기준할인율
　　㉡ 자본회수기간(투자회임기간, 비용변제기간): 단기
　　㉢ 낮은 할인율: 장기투자, 높은 할인율: 단기투자에 유리(초기 편익 고려)

---

5. 운영연구(OR)

(1) 개념 및 의의

① 운영연구(Operation Research)란 관리과학으로서 조직 전체의 효율성을 높이기 위해 문제해결을 계량적·수리적 모형을 사용하는 과학적 기법을 말한다.

② 1939년 이후 2차 대전 중 영국과 독일 사이의 전쟁에서 영국군의 효율적인 군사작전을 수행하기 위해 영국의 과학자들이 병기운영의 효

율성을 추구한 관리과학의 대표적 기법이다.

③ OR은 행정관리분야에 도입되어 컴퓨터의 발달과 더불어 관리과학으로서 큰 역할을 하고 있다.

(2) OR의 특징

① 체제 지향적: OR은 체제적 접근방법 중의 하나로서 최대의 효과를 올리려는 합리적 의사결정을 추구한다.

② 관리자의 지원 수단: 의사결정의 기초가 되는 자료 제공과 집행을 위한 문제해결 수단이다.

③ 과학적 방법: 수학의 활용, 객관성과 설득력 있는 방법으로 문제를 해결한다.

④ 다양한 영역의 지식을 필요: 수학, 통계학, 경영학, 사회학 등 여러 분야의 전문가를 중심으로 팀 구성이 필요하다.

⑤ 양적 · 계량적 표시: 모든 문제는 상대적 비교를 표시하는 것이 아니라 계량적으로 정확히 구분하고 표시한다.

(3) OR의 5가지 요소

운영의 결과가 다섯 가지 요소에 어떻게 연관되어 있는가를 표시하는 수학적 관계를 모형이라 하는데, 그 요소는 다음과 같다.

① 운영의 목적
② 유효성의 척도
③ 집합적 결과
④ 가능한 명령조(crew)
⑤ 가능한 자연의 상태

(4) OR의 모형: 배분모형, 다단계결정모형, 재고모형, 대기행렬모형, 순서결정모형, 대체모형, 경합모형, 시뮬레이션 모형 등

6. 기타 관리과학 기법

(1) PERT

① 개념 및 의의
  ㉠ 사업계획평가검토(PERT: Program Evaluation and Review Technique)
    는 대규모 비정형적 사업을 과정별로 분류하여 개개의 작업 사이에
    시간적 순서 및 상호관계를 조사하여 하나의 통제된 계획공정관리
    를 실시함으로써 관리자에게 계획과 관리 및 통제에 대한 해답을
    제공하고 책임성을 강조하는 기법을 말한다.
  ㉡ 토목, 건설, 신상품 개발, 충원 및 조직개편, 원가 절감, 신무기 개
    발계획 등에 적용하고 있다.
  ㉢ GANT Chart법은 계획사업의 견적 기간을 막대그래프 형식으로 표
    시하지만 이 기법은 진행사항을 네트워크로 표시하는 것이 특징이다.

② PERT의 유용성
  ㉠ 경영활동의 계획수립 및 일정작성을 용이하게 하고, 이에 대한 효율
    적인 통제와 계획기간을 엄수 및 단축으로 경제성을 확보할 수 있다.
  ㉡ 전체적인 작업 과정의 연속적인 파악과 문제에 따른 대책 마련에
    유용하다.
  ㉢ 각 공정에 따른 책임의 소재를 명확히 해 주며, 유효적절한 진행
    통제가 가능하다.
  ㉣ 효율적인 인적·물적 자원의 투입 및 활용에 도움을 준다.

③ PERT의 기본원칙
  ㉠ 단계원칙: 모든 활동은 시작과 완료단계를 필요로 한다. 또한 시작
    과 완료단계 외의 모든 작업 단계는 선행 및 후행활동이 존재한다.
  ㉡ 활동원칙: 모든 작업 활동은 그 선행활동이 완료되어야만 주어진 단
    계가 시작된다는 원칙이다.

ⓒ 공정원칙: 모든 계획공정은 다음 단계가 시작되기 전에 완료되어야 한다.

ⓔ 연결원칙: 모든 활동은 다음 단계로만 진행되어야지 필요에 따라 전 단계로 되돌아갈 수 없는 일방향 통행원칙을 말한다.

(2) 선형계획법

① 개념

ㄱ 선형계획(Linear Programming)은 주어진 제약조건하에서 이익의 극대화 및 비용의 최소화를 위해 솔루션을 찾는 기법으로서 많은 조건의 답이 모여 있는 일차식 선상에 있는 해가 모두 자원의 최적 배분점이며, 솔루션이 된다.

ㄴ 선형계획법은 경영상의 문제를 수식에 의한 모형으로 바꾸어서 이것의 해를 수학적으로 얻는 방법 중의 하나이다.

② 특징: 선형계획법은 수리계획법(mathematical programming)이라는 분야의 한 종류인데, 수리계획법은 경영자의 경영목표를 최대로 달성할 수 있는 경영방안을 구할 수 있는 경영모형과 그것의 해를 구하는 해법의 개발에 관심을 기울이는 분야이다.

③ 활용: 선형계획법은 기본적으로 유한한 자원을 여러 가지 사업에 가장 효율적으로 분배하여 투입시키는 문제에 적용된다. 그 예로 회사운용 등 기업체의 경영에의 적용, 국방관리, 국가경제운영 등 공공부문의 문제에까지 널리 이용되어 많은 경비절감을 이룩하는 기본적인 방법으로 이용되어 오고 있다.

④ 선형계획법 활용의 예

ㄱ 원료배합 결정: 여러 가지의 원료들을 섞어 제품을 만드는 데 있어서 성분함량조건을 만족시키면서 비용이 최소가 되는 배합비율을 모색하는 데 활용할 수 있다.

ㄴ 생산제품 및 생산량 결정: 기업의 이익을 최대로 하기 위해 상품의

종류에 따른 생산량의 결정에 유익하다.

ⓒ 수송 및 배분 결정: 생산된 제품을 여러 지역의 물류창고에서 판매지까지 수송하고 배분하는 데, 수송비를 최소로 하는 솔루션을 찾는 데 활용된다.

ⓒ 생산계획 및 재고관리: 생산비와 재고비용의 합을 최소로 하기 위한 생산계획을 수립할 때 적용된다.

(3) 게임이론

① 개념 및 내용

㉠ 이해관계가 존재하고 불확실한 게임 상황에서 상대방의 전략에 대응하여 자신의 최적화 대안을 수학적으로 분석·선택하는 기법을 말한다.

ⓒ 불확실하고 경쟁적 상황하에서의 의사결정 전략이다.

ⓒ 참여자들은 기본적으로 자기 이익을 극대화하기 위하여 노력하는 합리적 행위자이다.

ⓒ 의사결정자들은 동시에 균등한 기회에서 확률을 계산하고 행동대안의 선택 및 계량분석을 실시한다.

② 게임의 종류

㉠ N인 게임: 참가자의 수와 이해도를 기준으로 구분된다.

ⓒ 영합게임(Zero – sum game): 참가자들의 이해가 완전히 상반되고, 이득의 총합은 영(zero)이 되며, 한쪽의 이익의 증가는 다른 한쪽의 손해를 가져온다.

ⓒ 비영합(非零合)게임: 참가자들의 이해가 완전히 상반되지는 않는 게임으로 총합은 0이 되지 않는다.

ⓒ 협력게임·비협력게임·반(半)협력게임: 정보가 완전한 협력게임, 정보가 전혀 없고 조정과 타협이 없는 비협력게임, 정보는 불완전하나 타협에 의해 이익을 추구하는 반협력게임이 있으며, 현실적으로 존재하는 일반적인 게임이다.

(4) 수송네트워크 모형

다수의 공급지에서 다수의 수요지로 물품을 수송시키는 경우 수송비용의 최소화를 위해 어느 경로를 택하는 것이 바람직한가를 결정하는 기법이다.

(5) 대기행렬이론

경영학에서는 대기 시간을 비용으로 인식하기 때문에 나온 이론으로서, 서비스 전달체계에서 대기하는 시간을 최소로 하기 위해 적정한 시설 규모, 서비스 절차와 통로의 수 등을 찾아내기 위한 기법이다(은행의 대기표 발행).

C heck

P oint

정책모형(policy model)(정정길)
1. 의의
   ① 정책모형이란 대안이 가져올 결과를 예측하기 위하여 복잡한 현실을 단순화시킨 추상적이고 극단적인 대치물을 말한다.
   ② 정책모형은 대안을 탐색하는 데 이용되고, 대안의 결과를 예측하게 해 주는 정책 분석적 목적을 위하여 작성한다.
   ③ 모형의 구성요소는 정책문제를 명확히 제시하고 문제의 발생원인 및 정책대안의 추진으로 인한 결과들을 탐색해야 하며, 각 원인 또는 결과변수 및 요소들 간의 상호관계의 방향 및 강도를 파악하는 방법으로 작성된다.

2. 인과모형의 구성요소
   ① 상황변수와 문제발생의 원인 및 결과를 나타내는 변수
   ② 변수들 간의 상호 관계(상호 영향의 방향과 강도)
      ㉠ 방 향: 변수 간의 인과관계
      ㉡ 강 도: 변수 간에 영향을 미치는 정도로서 모형의 파라미터이며, 신축성과 탄력성을 의미

3. 모형의 역할
   모형은 정책대안의 창출: 문제를 명확히 규정하고 문제의 발생 원인을 제거·탐색하여 정책대안을 탐색·개발하는 역할을 한다.
   ① 문제의 발생 원인을 제거·통제·조작할 수 있도록 대안을 모색·개발
   ② 문제의 발생 원인을 제거·통제·조작할 수 없는 경우에는 문제 원인은 거론하지 않고 문제의 심각성을 완화시킬 수 있도록 정책수단(대안)을 개발

4. 모형의 종류
   ① **확정적 모형**: 제약조건을 모두 파악하고 있는 상태에서 결과를 확정적으로 예측하는 모형(LP 모형 등)
   ② **확률적 모형**: 상황에 따라 결과를 다르게 예측하고 상황의 발생확률을 찾는 모형(다단계하의 축차적 분석 등)

정책과 기획

01 기획의 본질

1. 기획의 의의

(1) 개념

기획이란 조직목표를 설정하고 목표달성 수단의 탐색 및 선택하고 결정하는 과정을 말하며, 정책과정과 같은 단계를 거친다.

(2) 기획의 특성

① 미래 지향성: 기획의 목적은 미래의 바람직한 상태로의 변화를 위한 활동이다.

② 목표 지향성: 기획은 목표를 설정하는 것으로서 정책을 포함한다.

③ 합리적 의사결정 과정: 목표달성을 위한 최적 수단의 탐색, 선택을 추구하는 합리적 의사결정이다.

④ 동태적인 성격: 기획은 현실 여건의 변화에 따라 적절히 수정·변화되어야 하는 행동 지향적 특성을 가진다.

⑤ 정치적 특성: 기획은 정책과 마찬가지로 정치적 이해관계를 포함하고 조정하는 가운데 실행된다.

(3) 기획의 정향

기획의 정향	기획의 종류	관심 영역	특징
무위주의(현재)	조작적 기획	수단의 선택	• 현상 만족과 유지 • 생존과 안정에 위협 없으면 개입하지 않음, 최소한의 일만 상대 • 분할적 점증주의적 시각 • 단절적 문제 해결
반동주의(복고)	전술적 기획	수단과 단기목표 선택	• 구습적인 전통 중심의 보수성 • 역사와 과거 경험의 관점 • 현재를 과거로 돌리는 정도만의 노력과 개입
선도주의(미래 우선)	기술적 기획	수단의 선택+장단기 목표의 선택	• 미래 선호: 변화가속화 • 기술 선호: 기술의 만능성 • 경제적 최적화 추구: 계량적 기법으로 미래 예측(예견)
능동주의 (상호 작용주의)	규범적 기획	수단의 선택+장단기 목표의 선택과 그 이상의 선택을 포함	• 미래: 창조의 대상으로 인식 • 사회체제의 목적과 방향의 합리적 설정 추구 • 가치 중심적 이상주의적 접근

2. 기획의 발달과정

(1) 도시계획의 태동

도시계획의 태동은 19세기 말에 농촌으로부터 도시로 인구가 집중되면서 도시계획을 필요로 하면서 시작되었다.

(2) 세계대공황의 발생과 그 영향

시장기능에 의한 경제체제는 마침내 전 세계적인 경제의 침체 등을 발생시 켰고 아담 스미스의 '보이지 않는 손'에 의한 시장의 자동조절기능에 대한 회의와 함께 시장에의 정부의 개입을 불가피하게 만들었다. 이로 인해 정부 는 수정자본주의를 달성하기 위해 계획경제의 도입이 불가피했던 것이다.

(3) 세계대전의 영향

막대한 물적 자원이 투입되는 전쟁은 인적·물적 자원을 총동원 통제하고 전후에는 복구사업을 강력히 추진할 수 있는 효과적인 수단으로 정부활동에 기획이 도입되었다.

(4) 러시아의 국가기획의 성공과 파급

러시아는 사회주의체제를 통한 국가계획·통제경제제도를 확립하고 5개년 계획을 추진하여 세계대공황 발생에도 불구하고 급격한 경제침체를 겪지 않았다. 이러한 러시아의 국가기획 제도의 성공적 운영은 세계 각국에 파급되었고, 특히 개발도상국가의 국가발전계획에 많은 영향을 주면서 국가기획제도는 일반화되었다.

3. 정부기획과 민주주의와의 관계

(1) 역기능론

F. A. Hayek는 『노예에로의 길(1944)』이라는 저서에서 국가기획제도는 민주주의에 저해된다는 주장을 하였다.
① 정부 중심적 집행으로 의회 무력화
② 정부기획의 명목하에 시민의 자유와 권리의 침해
③ 사회주의적 특성이 강조되면서 자본주의 및 자유민주주의 존재에 위협

(2) 순기능론

H. Finer는 『반동에의 길(1945)』이라는 저서에서 국가기획은 다음과 같은 이유로 민주주의에 순기능적으로 보았다.
① 시민의 자유와 권리를 보장(경제발전과 실업 문제, 빈곤, 재난 등 각

종 사회 문제 해결)

② 자본주의의 질서 유지를 위해 사회적 형평성 등의 달성에 있어 현대
사회에서 국가기획은 합리적이라고 주장

02 기획의 유형

1. 적용범위별 유형

(1) 정책계획

행정수반을 중심으로 이루어지는 정부의 광범위하고 기본적인 정치적·
경제적·사회적 목표로서 종합적·포괄적·전략적 계획을 말한다.

(2) 운영계획

각 정부 부처의 집행계획으로서 실제 집행을 위한 구체적·세부적·사업
적 성격을 띤 계획을 말한다. 각 부처의 기본운영계획과 주요업무계획 및
주요업무시행계획을 들 수 있다.

2. 기간별 유형

(1) 장기계획

국내외 정세를 고려하고 국민이 원하는 바가 충분히 반영된 정부 목표로
서 기간을 보통 5년 이상, 10년 내지 20년을 계획기간으로 하는 경우도 있
다. 전략적 비전의 성격을 많이 가지고 있다.

(2) 중기계획

장기계획과 단기계획의 중간의 기간을 설정하여 일반적으로 장기적인 국가목표계획과 연계되어 5년 정도의 계획을 말하며, 과거 우리나라의 경제계획과 사회발전 5개년 계획이 이에 속한다.

(3) 단기계획

대체로 1년 이내를 계획기간으로 기본운영계획의 성격을 가지고 있다. 매우 구체적이고 명확한 목표를 가지고 있다는 것이 특징이다.

3. 대상별 유형

(1) 자연계획

자연계획은 물적 계획으로서 자연자원계획, 토지계획, 시설계획, 공간계획을 통해 물리적 시설 및 공간 등을 변화시키는 계획이다.

(2) 경제계획

경제계획은 경제 분야를 대상으로 하는 계획으로서 경제개발계획, 경제안정계획, 재정투·융자계획, 재정안정계획 등이 있다.

(3) 사회계획

사회계획은 경제·사회·문화에 관한 여러 정책이 통합적으로 연계되면서 사회복지정책을 중심으로 주택·교통·공중위생·인구문제·사회보장·교육·노동·고용·각종 범죄예방 등 사회안전망 구축에 관한 계획이 포함된다.

4. 기간의 고정성에 의한 유형

(1) 고정계획

고정계획은 계획의 시작과 종료가 고정된 계획으로서 대부분이 여기에 속하며, 경직성으로 환경 변화에 신축성이 낮은 계획이다. 그러나 정치인들은 유권자들에 대한 정치공약 등을 실현시키기에 유용하다.

(2) 연동계획

① 개념: 연동계획이란 고정계획의 경직성을 해소하고 계획집행상의 신축성을 유지하기 위하여 중장기계획을 집행하는 동안 매년 계획내용을 수정·보완하여 계획기간을 1년씩 계속적으로 늦추어 가면서 원래 계획된 동 계획의 현실과 이상을 조화시키는 것이다.
② 특징
　㉠ 방대한 인적자원과 물적 자원이 요구된다.
　㉡ 점증주의 전략에 입각한다.
　㉢ 일정한 기간 내 계획을 유지해 나가며, 기획의 현실과 이상을 조화시키는 특징이 있다.
③ 장·단점
　㉠ 장점: 장기계획의 미래비전 제시와 단기계획의 현실성을 조화시킬 수 있다. 따라서 집행의 신축성을 확보하고 계획과 예산 간의 괴리를 방지할 수 있다.
　㉡ 단점: 기간의 유동성으로 고정성에 비해 유권자들에게 호소력이 약하며, 계획의 유동성으로 노력·시간·비용의 소모가 예상되고 기획에 대한 고도의 전문적 지식·능력을 필요로 한다.

5. 지역수준별 유형

① 국제계획

② 국토계획

③ 지역계획

④ 도시계획

⑤ 농촌계획

6. 이용 빈도별 유형

(1) 단용계획

단용계획은 특정목표를 달성하기 위한 일시적인 계획으로서 목표달성으로 종결되는 계획이다.

(2) 상용계획

상용계획은 계속적·반복적으로 활용되도록 설계된 계획된 행동지침으로서 계획의 하위 개념인 정책을 비롯하여 표준절차 등을 말하며 능률성을 확보할 수 있게 해 준다.

7. 강제성 정도별 유형

(1) 유도계획·지시계획

국가가 일방적으로 계획을 수립하거나 강요하지 않고 민관협조와 유도방식을 통하여 국가계획을 수립·운영하고자 하는 기획방식이다. 1946년의 프랑스의 모네(Monnet)계획이 그 효시이다.

(2) 강제계획 · 구속계획

국가가 중앙기획기구를 통하여 계획을 설정하고 통제에 의하여 강제적으로 이를 달성하도록 하는 기획방식으로서 사회주의 국가에서 볼 수 있다.

03 기획과정과 제약요인

1. 기획의 원칙

(1) 구체성(명확성)의 원칙

기획의 목표가 명확하고 구체적이어야 한다.

(2) 단순성의 원칙

기획의 내용은 지나친 전문용어보다는 간결하고 명료한 용어로 정의되어야 한다.

(3) 표준화의 원칙

기획은 작업절차 및 방법 등에 있어서 능률성을 확보하기 위해 표준화를 기하고 기획집행의 대상이 되는 재화 및 서비스, 작업방법 등도 표준화되어야 한다.

(4) 안전성의 원칙

기획이 수정이 잦으면 기획의 안정성을 저해할 수 있다.

(5) 신축성의 원칙

상황변화에 따라 기획은 신축성 있게 대처할 수 있어야 한다.

(6) 경제성의 원칙

기획에 투입되는 인적·물적 자원의 배분과 활용에 경제성을 추구해야 한다.

(7) 장래예측성의 원칙

기획은 미래예측이 정확해야 집행의 효율성과 신뢰성이 증진된다.

2. 기획의 단계

(1) 목표설정

기획은 정책의 상위개념으로서 정책과 연계되어 목표가 설정되어야 한다.

(2) 자료 및 정보의 수집과 분석

기획대상에 관련한 자료·정보를 수집하고 해결하고자 하는 문제에 도움이 되는지를 검토, 분석해야 한다.

(3) 기획전제의 설정

미래의 바람직한 변화추구를 위해 기획의 전제를 설정한다. 그러나 기획전제의 설정상 불확실성, 즉 미래예측의 한계가 따른다.

(4) 대안의 작성 및 비교·평가

목표달성을 위한 대안들을 종합하고, 이들을 정해진 기준에 의거하여 비교·평가한다.

(5) 최종대안의 선택

대안 간의 비교·평가에 대한 결과를 통해 최종대안을 선택한다.

(6) 구체적 계획의 수립

결정된 최종대안으로 달성할 구체적 계획을 수립한다.

(7) 기획의 심사분석·평가 및 통제

집행을 비롯한 기획 전반의 활동에 대하여 심사분석·평가 및 환류를 하여야 한다.

3. 기획의 제약요인

(1) 기획수립상의 제약요인

① 기획목표 설정과정상의 문제: 기획목표의 설정과정에는 이해관계로 인한 갈등과 대립이 발생하며, 정치적·경제적·사회적 요인 및 행정조직의 구조적 요인의 한계로 명확한 목표를 설정하기가 쉽지 않다.
② 미래예측 능력의 한계: 많은 정보와 자원이 있다 하더라도 미래에 대한 정확한 예측이 곤란하며, 예측 자체도 정확하지 않다.
③ 관련 자료 및 정보의 부족과 부정확성: 기획은 과거의 자료나 정보를 토대로 미래 활동을 전망하는 것인데, 자료 및 정보의 부족과 부정확성

은 합리적 기획수립을 제약한다.

④ 비용 및 시간상의 한계: 기획에는 막대한 비용과 시간이 필요한데, 이들의 제약이 크다.

⑤ 기획의 그레샴 법칙: 담당자는 정형적인 기획이나 기존의 기획을 중시하며, 새롭거나 비정형적인 기획을 기피하려는 성향을 가지고 있다.

(2) 기획집행상의 제약요인

① 기득권자의 저항: 기획으로 인해 발생하는 결과에 대해 기득권자나 이해관계가 얽혀 있는 자들의 저항을 수반한다(국민과 관료의 득실 문제).

② 경직화 경향과 수정의 곤란성: 수립된 계획은 수정이 곤란한 경직성의 특성이 있으며, 수정이 필요하더라도 이해당사자들의 압력 등이 작용하여 수정이 곤란하다. 따라서 수정이 되는 경우에는 원래의 기획을 그대로 집행하기는 어렵다.

③ 수정의 빈번: 조직의 최고 관리층의 지나친 업적 중심과 의욕으로 기존의 계획을 수정하는 경우가 많다.

④ 자원배분의 비효율성: 모든 기획은 한정된 자원으로 집행되는데, 조직 간의 이해관계로 우선순위에 의한 자원배분이 이루어지지 않는다.

(3) 기획평가상의 제약요인

① 평가 자료의 정확성·객관성의 결여: 기획이란 매우 전략적인 차원의 내용으로서 평가가 쉽지 않다. 따라서 기획과 관련된 자료 및 정보의 정확성과 객관성의 확보가 문제된다.

② 합리적·객관적인 평가의 어려움: 대부분의 기획은 양적인 면보다는 질적인 측면이 더 많으므로 질적인 기획의 측정·평가가 어려우며, 또한 집행자의 주관적인 가치판단이 많이 개입된다. 따라서 평가의 왜곡도 발생할 수 있다.

(4) 정치적·행정적 저해요인(주로 신생국 또는 발전도상국의 상황)

① 재원의 제약: 선진국보다는 개도국의 경우 자본, 기술이나 사회간접 시설 등과 같은 재원이 부족하여 기획 활동이 제한적이다.

② 행정제도의 문제점: 기능의 미분화와 제도적 제약이 많은 신생국의 경우에는 지나친 형식성과 복잡한 행정절차가 기획수립과 집행을 저해한다. 따라서 행정조직의 비효율성 등으로 조정도 어렵다.

③ 기획담당자의 능력 부족: 기획은 고도의 전문적 기술과 수준이 요구되는데 반해 신생국이나 발전도상국에는 그러한 자원이 부족한 실정이다.

④ 정치적 불안정과 정치적 개입으로 인한 제약: 정치적 불안정은 기획의 일관성을 확보하기 어렵고, 비정형적인 정치적 영향력으로 기획의 설정과 집행에 많은 제약이 따른다.

⑤ 그 밖에 통제 위주의 회계제도 및 기획과정에서의 참여 부족 등을 들수 있다.

04 미래예측

1. 미래예측방법

(1) 예견(이론적 예측)

① 인과관계를 바탕으로 체계적으로 실증 가능한 일련의 법칙이나 명제, 검증된 가설, 일반화된 이론을 근거로 미래를 예측하는 가장 과학적인 양적 개념에 의한 방법이다.

② 연역적 방법으로서 인과모형, 회귀분석, 상관분석, 시뮬레이션, 경로분석, 투입산출분석, 선형계획 등이 이에 해당된다.

(2) 투사(추세연장적 예측, 외삽식 예측법)

① 가장 많이 활용해 온 방법으로서 과거 역사의 자료, 사례 등에 근거하여 현재와 과거의 역사적 경향이나 추세를 발견하고, 이를 미래에 투사시켜 미래를 예측하는 방법으로서 시계열분석을 말한다. 그 외에 최소자승경향추측, 지수가중법 등이 해당된다.

② 과거의 사례가 미래에도 유사 반복된다는 입장에서 과거와 현재, 미래의 연속성, 규칙성, 자료의 타당성, 신뢰성 등 세 가지 가설에 기초하고 있다.

③ 주로 경제성장의 추이, 경기 및 물가·유가변동, 인구 증감 추이, 에너지 소비 및 소비 추세 등을 예측하는 데 유용하다.

C heck
P oint

회귀분석(인과분석)

① 회귀분석은 둘 또는 그 이상의 변수 사이의 인과관계를 분석하는 통계기법의 하나로서 독립변수 값의 변화에 의해 종속변수 값이 변화하는 수학적 선형의 함수관계를 파악함으로써 상호 관계를 추론하게 되는데, 이 함수식을 회귀식이라고 한다. 따라서 이러한 회귀식을 분석함으로써 독립변수의 변화가 종속변수의 변화와 어떤 관련성이 있는지, 그리고 관련이 있다면 원인변수가 무엇인지, 어느 원인변수의 변화에 의해 결과적 현상이 나타났는지 등에 관한 사항을 분석할 수 있어, 독립변수를 통해 종속변수를 예측할 수 있듯이 원인에 따라 미래를 예측할 수 있다.

② 회귀분석은 독립변수가 하나일 수도 있고 2개 이상인 경우도 있는데, 하나인 경우를 단순회귀분석, 2개 이상인 경우를 다중회귀분석이라고 한다.

---

(3) 추측(직관적·주관적 예측)

① 추측의 예측방법은 주로 전문가의 직관이나 주관적 경험과 판단에 의해 미래를 예측하는 것이다. 따라서 가장 비과학적인 질적 기법에 해당된다.

② 이 기법은 연역적 또는 귀납적 방법에 의한 추론이 아니라 통찰력으로부터 나오며, 델파이기법(Delphi)과 브레인스토밍(Brain-storming)과

브레인라이팅(Brain – writing)이 있다. 그 외에 상호 영향 분석, 실현 가능성 분석 등이 있다.

③ 직관적 예측에서는 연역법과 귀납법 또는 역논리 등을 상호 복합적으로 활용하고 있으며, 주관적 판단에 투사와 예견을 활용할 수도 있다.

2. 델파이 기법

(1) (전통)델파이

① 개념

  ㉠ 델파이(Delphi) 기법은 문제와 관련된 전문지식을 가진 전문가들이 서로 만나지 않고 설문지를 통하여 자기 주관적 경험과 지식에 의해 의견을 제시하는 비과학적·질적 기법이다. 설문지는 반복적으로 실시하여 예측의 결론에 이르도록 한다.

  ㉡ 집단적 문제해결 방식 가운데 성격, 이념, 가치관 등의 대립을 회피하는 기법이다.

② 성립배경: 1950년대에 미공군성(RAND 연구소)에서 체계적으로 연구, 개발되었다.

③ 특징

  ㉠ 설문지 응답전문가는 각각 격리된 장소에서 익명으로 이루어진다.

  ㉡ 질문을 여러 차례 반복하고 응답결과 관리는 통제된 환류방식을 취한다.

  ㉢ 응답결과를 통계처리(중앙값, 분산도, 도수분포 등)하고, 결과를 재질문 시 알려 주어 응답 시 참고하도록 한다. 이렇게 반복함으로써 어느 한 결론에 도달하게 된다.

④ 장점

  ㉠ 응답자들의 익명성 때문에 다른 전문가의 영향을 받지 않고, 자신

의 의견을 솔직히 진술할 수 있다. 따라서 결론의 왜곡을 방지할
수 있다.

    ⓛ 응답결과에 대해 통제된 환류과정을 반복함으로써 참여자들이 목적
과 주제에 대해 관심을 제고시킬 수 있어 비교적 좋은 응답을 기대
할 수 있게 된다.

    ⓒ 한자리에 모이지 않고 결과가 비공개 처리되므로 오류에 대한 수정
이 용이하여 위험부담을 최소화시킬 수 있다.

⑤ 단점

    ㉠ 설문 응답자들의 전문성과 관심 등이 부족하다면 좋은 결과를 기대
하기 어렵다.

    ⓛ 설문내용의 의도적 방향에 따라 응답이 결정되는 한계가 있다.

    ⓒ 다수결론에 따라 소수 의견이 무시되고, 다수 의견이 정확한 결론
이라는 보장이 없다.

    ⓔ 설문방식에 있어서 반복의 장점도 있지만 반복으로 인해 자신의 정
확한 의견을 표시하지 못할 수도 있다.

(2) 정책델파이

① 개념: 전통델파이는 미래 예측으로 한정되지만 정책델파이는 전통델파
이의 미래 예측 결과를 토대로 정책결정자와 전문가들의 의견을 종합
하여 정책결정에 활용한다.

② 내용 및 특징

    ㉠ 익명성의 관리(선택적 익명성): 정책델파이에 참여하는 전문가들은 전
통델파이에 참여했던 전문가들의 일부가 참여하거나 초기에는 익명
성으로 시작되어 정책대안들에 대한 논쟁이 표면화되고 나면, 참여자
들이 모두 공개되고 정책담당자들과 함께 토론을 하게 된다.

    ⓛ 참여자의 전문성과 관심 및 통찰력 여부: 참여자들이 비전문성과 관심
부족 또는 통찰력이 부족한 대상자들이라면 진행과 결정에 한계가

발생한다. 따라서 선정의 신중성이 고려되는 기법이다.

ⓒ 의도적 갈등 조성: 정책델파이는 참여자들의 합의를 중시하지만 어느 한 전문가의 주장에 영향을 받아 쉽게 결론이 이루어지는 것을 방지하기 위하여 의견의 갈등을 의도적으로 조성한다.

ⓔ 의견 차이 부각 및 통계처리: 종합된 의견의 통계처리도 결론의 객관성과 신중성을 고려하여 의도적으로 불일치나 갈등이 유발되는 부분에 대해서 초점을 맞춘다.

ⓜ 정책델파이는 전통델파이의 약점을 보완하기 위한 것으로 전통델파이의 특징이라 할 수 있는 질문의 반복과 회람, 통제된 환류라는 원칙을 가지고 있다.

3. Brain‒storming과 Brain‒writing

(1) Brain‒storming(집단토론기법, 자유토론기법)

정책과 관련한 전문가가 처음부터 한자리에 모여 자유로운 토론을 통해 미래를 예측하여 결론에 도달하는 전문가의 주관적 판단기법이다.

(2) Brain‒writing

브레인스토밍을 좀 더 개선한 방식으로서 전문가들이 쪽지를 통해 자신의 의견을 제시하고, 그 의견들을 종합하여 미래를 예측하는 기법이다. 브레인스토밍은 한자리에서 얼굴을 맞대고 토론이 이루어지므로 고도의 전문가의 의지에, 그렇지 못한 참여자들이 압도당할 수 있는 경우를 방지할 수 있다.

참고문헌

정정길외, 『정책학원론』(대명출판사, 2005)

노화준, 『정책평가론』(법문사, 2003)

유훈, 『정책학원론』(법문사, 2002)

이근주, 「정책평가제도의 개선과 쟁점: 국정평가기본법(안)을 중심으로」, 한국행정학회보, 2005.

Allison, Graham T., Essence of Decision: *Explaining the Cuban Missile Crisis* (Boston: Little, Brown and Company, 1971).

Anderson, James E., *Public Policy −Making*(N. Y: Holt. Rinehart and Wiston, 1984).

Bachrach, Peter and Morton Baratz. Power and Poverty(N. Y.: Oxford University Press, 1970).

Callahan, Daniel and Bruce Jennings(eds.), *Ethics, the Social Science, and Policy Analysis*(Plenum Press, 1983).

Cohen, Roger W. and Charles D. Elder, *Participation in American Politics: The Dynamics of Agenda Building*(Boston: Allyn and Bacon Inc., 1972).

Cyert, Richard M. and James G. March, *A Behavioral Theory of the Firm*(N. Y.: Prentice − Hall, 1963).

Dahl, Robert A., Dilemmas of Pluralist Democracy(New Heaven: Yale Univ. Press, 1982).

Dror, Yehezkel, *Public Policy −making Re −examined*(N. Y. Transaction Inc., 1983).

Easton, D., *A system Analysis of Political Life*(N. Y.: John Wiley and Sons, 1975).

Etzioni, Amitai, *The Active Society*(N. Y.: The Free Press, 1968).

Eyestone, Robert, *From Social Issues to Public Policy*(N. Y.: John Wiley and Sons, 1978).

Frederickson, George, *The Spirits of the Public Administration*(San Francisco: Jossey Bass, 1997).

Golembiewski, Robert T., *Public Administration as a Developing Discipline*, Part 1(N. Y.: Marcel DeKKer, 1977).

Hogwood, Brain W. and Lewis A. Gunn, *Policy Analysis for the Real World* (N. Y.: Oxford Univ. Press, 1984).

Kingdon, John. *Agendas, Alternatives, and Public Policies*(Boston: Little Brown and Company, 1984).

Lasswell, Harold D., A Preview of Policy Sciences(N. Y.: American Elsevier, 1971).

Lindblom Charles E., *The Policy −Making Process*, 2nd ed. (Englewood Cliffs: Prentice Hall, 1980).

March, James G. and Herbert A. Simon, *Organizations*(N. Y.: John Wiley, 1958).

Nakamura, Robert and Frank Smallwood, *The Politics of Policy Implementation*(N. Y.: St. Martin's Press, 1980).

Olson, D. M., *The Legislative Process: A Comparative Approach*(N. Y.: Harper, 1980).

Ripley, Randall B. and Grace A. Franklin, *Policy Implementation and Bureaucracy*(Chicago: Dorsey, 1986).

Schmitter, Gerhard and Lembruch Philippe C.(eds.), *Trends toward Corportist Intermediation*(Beverly Hills: Sage Publication, 1979).

Simon, Herbert A., *Reason in Human Affairs*(Stanford, CA: Stanford University Press, 1983).

Truman, David, *The Governmental Process*(N. Y.: Alfred A. Knopf, 1971).

Wildavsky, Aaron, *The Arts and Crafts of Policy Analysis*(London: The Macmillan, 1979).

찾아보기

서상원

▌약력

고려대 행정학 박사

(전)국방개혁위원회 연구위원

(전)대구대학 전임연구원

(현)고려대 정부학연구소 선임연구원

(현)(사)남도발전연구원 연구위원

(현)한국물류산학연협회 전임강사

(현)한경대, 백석대, 강남대 등 강사

▌주요논문 및 저서

『오아시스행정학』, 『조직관리론』, 『인사행정』, 『정책론』, 『유통마케팅론』

「공공서비스 공급방식의 전략적 결정사례 분석」

「선진국 행정개혁의 성과평가와 함의」 등

서상원 교수의 행정학 시리즈 ❸ **정책론**

초판인쇄 | 2009년 4월 20일
초판발행 | 2009년 4월 20일

지은이 | 서상원
펴낸이 | 채종준
펴낸곳 | 한국학술정보㈜
주 소 | 경기도 파주시 교하읍 문발리 513-5 파주출판문화정보산업단지
전 화 | 031) 908-3181(대표)
팩 스 | 031) 908-3189
홈페이지 | http://www.kstudy.com
E-mail | 출판사업부 publish@kstudy.com

등 록 | 제일산-115호(2000. 6. 19)
가 격 | 8,000원

ISBN   978-89-534-1732-8 13350 (Paper Book)
        978-89-534-1754-0 18350 (e-Book)

어담
Books 는 한국학술정보(주)의 지식실용서 브랜드입니다.